opta

opta

Kevin Jeffries & Loïc Moreau

SOLAR
EDITIONS

Introduction

La Coupe du Monde a fêté en 2018 ses 88 ans. Depuis sa première édition en 1930, elle a forcément changé. De format, souvent. De règles, parfois. De trophée, aussi. Mais ce tournoi a aussi su rester fidèle à lui-même. Il revient inlassablement, tous les quatre ans, sauf quand la folie des hommes en a décidé autrement. Il se déplace d'un pays à un autre, d'un continent à un autre. On rêve de l'organiser ou, à défaut, d'y participer, car les yeux du monde entier seront rivés sur l'endroit où il se déroule chaque jour durant, de la cérémonie d'ouverture à la finale, en passant par le match pour la médaille en chocolat.

La Coupe du Monde, on l'attend, on la vit. On la savoure ou on la digère. Et si elle est vouée à changer de nouveau, et ce dès les prochaines éditions, elle n'en reste pas moins l'apogée du football et du footballeur. Car ce qui est rare est forcément précieux. Opta le sait bien. Le leader mondial de la fourniture de statistiques sportives en temps réel s'est plongé dans ses archives et a analysé tous ses matches depuis 1966. Pourquoi 1966 ? Car c'est la première édition entièrement télévisée, permettant ainsi d'en récolter les données via ses outils et analystes. Chaque tir, chaque passe, chaque tacle a été recensé. La Coupe du Monde méritait bien cela. Mais *quid* des éditions antérieures ? Il faudra se contenter des données basiques, seules traces restantes d'une époque qui, sans le savoir, allait pourtant déjà marquer l'histoire statistiquement parlant. Les 13 buts de Just Fontaine sur une édition de Coupe du Monde, il y a 60 ans, apparaissent encore aujourd'hui comme un record inatteignable, même à l'époque des Lionel Messi et Cristiano Ronaldo. Ces deux-là, qui se partagent égoïstement les Ballons d'Or depuis 10 ans, n'ont pourtant, ni l'un ni l'autre, fait de cette compétition leur terrain de jeu. L'Argentin ne trouve pas le chemin des filets en phase à élimination directe du Mondial et le Portugais touche plus les montants qu'il ne marque de buts. Car la Coupe du Monde est exigeante. Si elle s'est donnée aux Pelé, Maradona et Zidane, elle s'est refusée aux Eusébio, Cruyff et Platini, qui auront moins marqué l'histoire du tournoi que d'autres joueurs de moindre renommée mais dont le nom est indissociable de la compétition. Comme Just Fontaine précisément. Ou comme Miroslav Klose, meilleur buteur de l'histoire du Mondial à l'aura plus relative en club. Comme Oleg Salenko, unique auteur d'un quintuplé au Mondial, seul fait de gloire de sa carrière. Des grands noms, des déceptions, des révélations, des étoiles filantes... que ce soient les équipes, les joueurs, les sélectionneurs, les arbitres, tous ont contribué, pour le meilleur et pour le pire, à faire de la Coupe du Monde un mythe. Un mythe qui a poussé Kevin Jeffries et Loïc Moreau, membres du bureau éditorial français d'Opta, à fouiller pendant des heures, des jours, des semaines, dans cette base de données unique et riche de plus de 50 ans d'histoire pour y dénicher les chiffres les plus fous et vous offrir un éclairage inédit sur la plus prestigieuse des compétitions. Nés après le cauchemar de Séville 82 mais à temps pour vivre pleinement France 98, ils vous emmènent dans un voyage statistique au cœur du Mondial, à la rencontre d'une pléiade « d'Opta Facts » à picorer ou à consommer sans modération pour briller aux repas de famille, entre amis ou à la machine à café. Et ainsi fêter dignement le 88e anniversaire du Mondial, soit depuis le jour béni de son coup d'envoi un 13 juillet 1930 à Montevideo, en Uruguay.

Préface

“Je doute que mon record soit égalé un jour.”

Just Fontaine

En football, il n’est pas rare qu’un chiffre floqué sur le maillot d’un joueur lui colle à la peau. Le 14 de Cruyff, le 10 de Maradona, le 7 de Cristiano Ronaldo… Just Fontaine, lui, ne portait pas le 13 lors de la Coupe du Monde 1958. Mais ce chiffre est indissociable du buteur français. 13, le record de buts sur une édition du Mondial. 13, le numéro de sa maison toulousaine. 13, l’heure à laquelle il nous a reçus, entouré de son épouse et de reliques donnant à sa demeure des airs de petit musée du football.

Aujourd'hui âgé de 84 ans, « Justo » détient ce record depuis bientôt 60 ans. Le seul à s'en être approché depuis reste l'Allemand Gerd Müller et ses 10 buts en 1970. Et pourtant, Just Fontaine aurait pu placer la barre encore plus haut : « J'aurais pu en mettre un de plus, puisqu'on a eu un penalty contre l'Allemagne de l'Ouest (match pour la 3e place). Mais c'est Raymond Kopa qui l'a tiré. On avait décidé que ce serait lui qui shooterait les penalties. Mais je n'ai pas de regrets. Après tout, 12, 13 ou 14 buts... » Just Fontaine le sait. S'il a atteint ce record, auparavant détenu par le Hongrois Sandor Kocsis (11 en 1954), il le doit aussi à son coéquipier, son passeur décisif, son ami, Raymond Kopa : « On se connaissait par cœur. Nos qualités se complétaient. Je savais quand faire l'appel, que ce soit de 20 ou 30 mètres, et je pouvais tirer des deux pieds. » Pour preuve : Just Fontaine a marqué du pied droit (8), du pied gauche (4) et même de la tête (1) lors de la Coupe du Monde 1958, malgré un handicap que peu de gens connaissent : « J'ai joué avec des chaussures qui n'étaient pas les miennes, s'amuse-t-il. Elles s'étaient défaites à l'entraînement et comme je n'avais qu'une paire, Stéphane Bruey, remplaçant, m'a prêté les siennes ! »

Personne ne saura jusqu'où Just Fontaine aurait pu porter ce record avec les penalties et ses propres chaussures. Mais lui-même n'aurait « jamais imaginé » marquer l'histoire de la Coupe du Monde à ce point. « Je voulais simplement faire de mon mieux, gagner ma place », dit-il. Une place qui lui avait été refusée en 1954, et qui aurait pu, là aussi, changer le cours de l'histoire du Mondial, lui qui reste le 4e meilleur buteur du tournoi toutes éditions confondues derrière

“J’aurais pu en mettre un de plus, puisqu’on a eu un penalty... Mais c’est Raymond Kopa qui l’a tiré.”

Miroslav Klose (16), Ronaldo (15) et Gerd Müller (14) en en ayant joué une seule. « J’avais à peine 20 ans. J’avais été présélectionné mais je n’ai pas disputé le Mondial. On m’avait dit que j’étais trop jeune, alors que j’aurais pu y aller, regrette-t-il. L’équipe de France A avait joué contre le Luxembourg en 1953, et s’était imposée 6 – 1. Quelques mois plus tard, ce sont les Espoirs, dont je faisais partie, qui ont affronté cette même équipe du Luxembourg (comptabilisé comme un match des A), et, au lieu de faire pire, on a gagné 8 – 0, j’ai marqué 3 buts, dont une reprise de volée extraordinaire. » Insuffisant pour faire partie du voyage en Suisse, où les Bleus ne joueront que 2 matches avant de prendre la sortie. Quatre ans et 13 buts plus tard (dont un quadruplé face à l’Allemagne de l’Ouest en match pour la 3e place), l’ancienne vedette de Nice et de Reims entrera finalement dans la légende.

« Je ne me suis rendu compte de l'ampleur de ma performance qu'une fois à Paris, se rappelle-t-il. Une foule immense nous attendait, on m'a porté en triomphe, les dames m'embrassaient ! » Si les statistiques n'avaient pas encore l'ampleur qu'elles ont de nos jours dans le monde du football, c'est pourtant la plus basique de toutes qui a permis à Just Fontaine de marquer la Coupe du Monde de son empreinte : « On n'y pensait pas vraiment à l'époque mais, aujourd'hui, je ne me plains pas, puisque je détiens le record ! Et puis, en 1958, les deux suivants étaient Pelé et un Allemand (Helmut Rahn), avec seulement 6 buts chacun. Ce n'est pas rien, surtout quand on voit le niveau de Pelé, qui n'avait que 17 ans mais qui nous avait bien emmerdés (triplé en demi-finale face aux Bleus, défaite 2 – 5). » Si "O Rei", et non pas "Justo", souleva le trophée Jules-Rimet le 29 juin en Suède, le premier n'est jamais parvenu à égaler le total du second malgré 3 autres éditions au compteur. De fait, l'ex-buteur n'est pas inquiet quant à la pérennité de son record. « Je doute qu'il soit égalé. De grands joueurs ont disputé le Mondial, mais ont marqué moins de buts. Les défenses sont bien plus regroupées désormais. La tâche est plus compliquée. »

Sommaire

joueurs 16

buts 48

équipes 70

arbitrage 84

éditions 96

“Le football est le reflet de notre société. Regardez bien l’expression d’un joueur sur le terrain, c’est sa photographie dans la vie.”

Aimé Jacquet, entraîneur de l’équipe de France championne du monde en 1998

joueurs

Main de Dieu

22 juin 1986

Ce quart de finale est la première rencontre entre l'Argentine et l'Angleterre depuis la guerre des Malouines (907 morts, dont 649 Argentins). 51e minute de jeu. Diego Maradona transperce la défense anglaise dans l'axe, sert Jorge Valdano aux abords de la surface, qui rate son contrôle. Le ballon revient sur Steve Hodge qui, dans la précipitation, rate son dégagement et envoie une balle en cloche vers son portier Peter Shilton. Le numéro 10 argentin de 1,65 m se précipite et prend le meilleur sur le gardien de 1, 85 m pour ouvrir le score de la... main, but désormais connu sous le nom de « Main de Dieu ». Le génie argentin doublera la mise 4 minutes plus tard, après un raid solitaire magistral de 52 mètres où il éliminera pas moins de 5 défenseurs anglais, avant de feinter le portier et de pousser le ballon au fond des filets. La « Main de Dieu », puis le « but du siècle ».

7

Diego Maradona a tenté 7 tirs contre l'Angleterre en 1986 : 6 du pied gauche et 1... de la main gauche.

7

L'Argentin a été sanctionné à 7 reprises pour des mains en Coupe du Monde, un record depuis 1966.

16/21

Diego Maradona est le joueur ayant porté le brassard le plus de fois au coup d'envoi d'un match de Coupe du Monde depuis 1966 (16 fois sur un total de 21 matches), devant Rafael Marquez et Dino Zoff (14).

24

Le numéro 10 argentin est le joueur ayant tenté le plus de coups francs directs en Coupe du Monde depuis 1966 sans en inscrire un seul (24 tentatives). Pas de quoi rougir cependant en voyant le Top 5…

Diego Maradona	0/24
Gheorghe Hagi	0/20
Michel Platini	0/18
Cristiano Ronaldo	0/18
Wesley Sneijder	0/15

Oh, pas ça !

Zinédine Zidane n'a remporté qu'un seul duel aérien et n'a tenté que 2 tirs de la tête lors de toute la Coupe du Monde 2006, mais le dernier coup de tête a été fatal. « Oh Zinédine, oh Zinédine, pas ça, pas ça Zinédine, pas ça Zinédine ! Oh non, oh non pas ça, pas aujourd'hui, pas maintenant, pas après tout ce que tu as fait ! » Cette réplique du regretté Thierry Gilardi restera dans la postérité et reflète parfaitement le sentiment général des supporters tricolores et amateurs du football à la vue du ralenti montrant le meneur de jeu français asséner un coup de tête dans la poitrine de Marco Materazzi. Une expulsion d'autant plus regrettable qu'elle avait lieu non seulement en finale de Coupe du Monde, mais également lors de l'ultime match de la carrière de Zinédine Zidane.

7

Zidane →

Zinédine Zidane a réussi 7 dribbles face au Brésil (sur 8 tentés) en quart de finale 2006, un record pour lui sur un match de Coupe du Monde. Il n'en a jamais réussi plus de 3 durant le temps réglementaire dans la compétition hormis lors de cette rencontre.

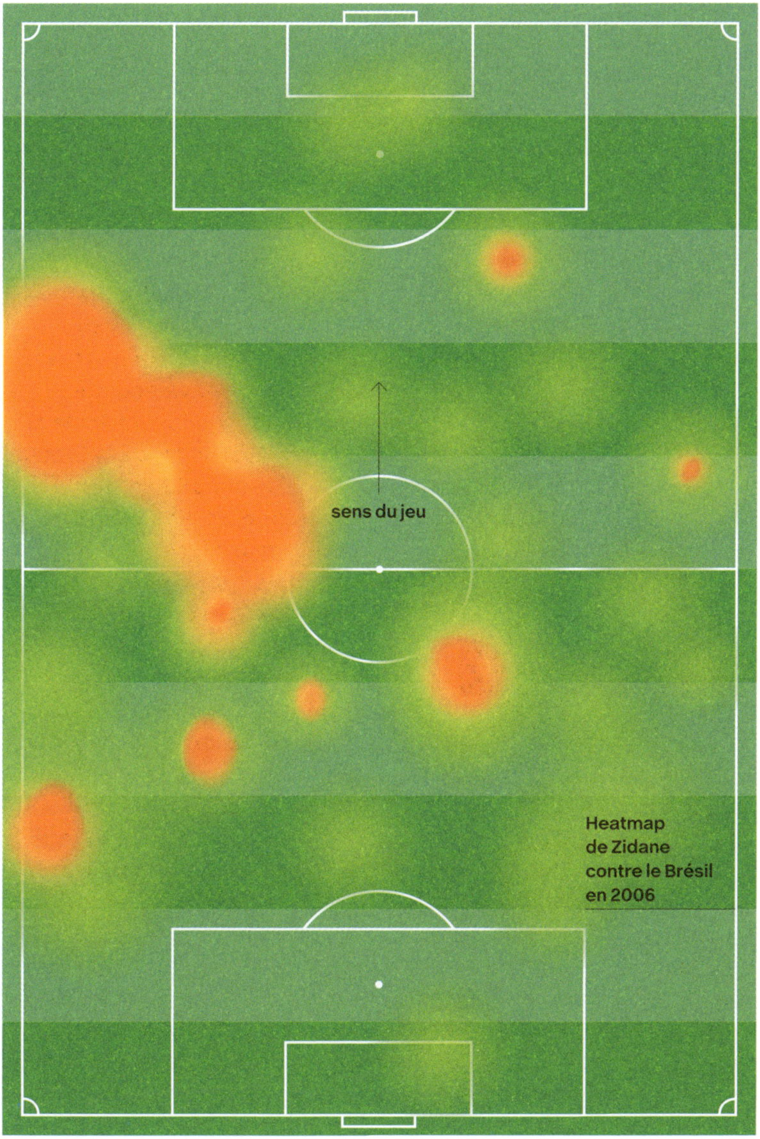

Heatmap
de Zidane
contre le Brésil
en 2006

4

Poigne de fer

Fabien Barthez a réalisé 4 arrêts en finale de la Coupe du Monde 1998 face au Brésil (contre Rivaldo x 2, Bebeto et Ronaldo). Il n'a fait mieux qu'à une reprise lors d'un Mondial, le 6 juin 2002 en phase de groupes lors du 0 – 0 contre l'Uruguay (7 arrêts).

12 juillet 1998

Face à la France lors de la finale du Mondial 1998, Ronaldo n'a tenté qu'un seul tir. Il n'a jamais fait pire lors d'un match de Coupe du Monde (il n'avait tenté qu'un tir également contre le Danemark en quart de finale du Mondial 1998 et face à la Croatie en poules de l'édition 2006). Contrairement à sa contre-performance face aux Vatreni, celle face aux Bleus avait des raisons toutes trouvées. Quelques heures avant la finale, « Il Fenomeno », allongé sur son lit, regardant un GP de F1, a perdu connaissance avant d'avoir des convulsions. L'hypothèse de la crise d'épilepsie est alors émise et retenue par les médecins français, diagnostic remis en cause par Bruno Caru, président de la Société italienne de la cardiologie du sport, une dizaine d'années plus tard. Selon lui, il s'agissait d'un malaise cardiaque, qui aurait pu lui être fatal. Une date définitivement à oublier pour l'attaquant auriverde.

Michel Platini

11

Michel Platini a porté le brassard de capitaine à 11 reprises en Coupe du Monde (sur un total de 14 matches), plus que tout autre Bleu.

21 juin

Michel Platini est le seul joueur à avoir disputé 2 matches de Coupe du Monde le jour de son anniversaire : contre le Koweït le 21 juin 1982 (4 – 1) et le Brésil le 21 juin 1986 (1 – 1). Il a marqué lors de ces 2 matches.

8

Michel Platini a été impliqué dans 8 buts en Coupe du Monde depuis 1966 (5 buts, 3 passes décisives), plus que tout autre Bleu. C'est également le Tricolore ayant tenté le plus de tirs depuis l'extérieur de la surface sur cette période (32, dont 18 coups francs directs).

Remplaçants

6'41"

Remplaçant remplacé

Naohiro Takahara est le remplaçant remplacé le plus rapidement dans l'histoire de la Coupe du Monde. Entré en jeu à la 60e à la place de Seiichiro Maki, il va sortir au bout de 6 minutes et 41 secondes, touché au genou. Masashi Oguro prendra sa place.

1

Pionniers

Le 1er changement de l'histoire de la Coupe du Monde a été fait par l'URSS face au Mexique, lorsque Anatoli Puzach a remplacé Viktor Serebryanikov (46e minute) le 31 mai 1970 à l'Estadio Azteca de Mexico.

11

Denilson

Le milieu de terrain brésilien Denilson est le joueur entré en jeu le plus souvent en Coupe du Monde (11 fois en 12 matches), lui qui n'a été titulaire qu'une seule fois, le 23 juin 1998 face à la Norvège.

Poker

En 2014, Jasper Cillessen est devenu le 1er gardien à être remplacé à 2 reprises dans l'histoire de la Coupe du Monde, face au Costa Rica en quart de finale et au Brésil lors du match de classement pour la 3e place. Face aux Ticos lors de l'édition 2014, Louis van Gaal, alors sélectionneur des Bataves, a tenté un coup de poker incroyable juste avant la séance de tirs au but. Le technicien a fait entrer Tim Krul à la place de Jasper Cillessen à la 120e + 1 minute, du jamais-vu en Coupe du Monde. Un choix payant puisque le portier a sorti 2 tentatives adverses (celles de Bryan Ruiz et de Michael Umana) et permis aux siens de se qualifier pour le dernier carré. Un pari d'autant plus osé que Tim Krul n'avait arrêté que… 2 des 20 penalties auxquels il avait fait face lors des 4 saisons précédentes avec Newcastle en Premier League.

Joker

L'attaquant néerlandais Klaas-Jan Huntelaar est le joueur ayant disputé le plus de matches de Coupe du Monde sans jamais avoir été titularisé (7, pour un total de 101 minutes jouées).

Palmarès

3

Pelé

Pelé est le seul joueur à avoir remporté 3 titres mondiaux (en 1958, 1962 et 1970), le tout, sur 4 participations. À lui tout seul, le Brésilien a ainsi remporté plus de Coupes du Monde que 74 sélections ayant pris part au tournoi.

2 216'

Maldini

Paolo Maldini est le joueur qui compte le plus de matches en Coupe du Monde sans jamais être parvenu à remporter le trophée (23 matches, dont une finale perdue aux tirs au but face au Brésil en 1994).
L'ancien défenseur de l'AC Milan est par ailleurs le recordman du nombre de minutes jouées dans la compétition (2 216).

Doublés

Karembeu

Roberto Carlos

Christian Karembeu et Roberto Carlos sont les 2 seuls joueurs à avoir joué et gagné la finale de la Ligue des Champions et celle de la Coupe du Monde (depuis 1992 – 1993) la même année (1998 pour le Français avec le Real Madrid et la France, 2002 pour le Brésilien avec le Real Madrid et le Brésil). Sami Khedira a aussi remporté les 2 trophées en 2014 (avec le Real Madrid et avec l'Allemagne) mais sans jouer la finale du Mondial.

3

Sneijder

Robben

Van Bommel

Les derniers joueurs ayant pris part aux finales de Ligue des Champions et de Coupe du Monde la même année sont les Néerlandais Wesley Sneijder, Arjen Robben et Mark van Bommel. Le premier a gagné la Ligue des Champions avec l'Inter et perdu la Coupe du Monde 2010 avec les Pays-Bas, les 2 autres ont tout perdu (Bayern en Ligue des Champions puis Pays-Bas en Coupe du Monde).

Espoirs & vieux briscards

30

Avec 30 ans et 8 jours de moyenne d'âge, l'équipe de France est la finaliste la plus âgée en Coupe du Monde depuis 1966 (contre l'Italie le 9 juillet 2006). La plus jeune est l'Allemagne face à l'Angleterre en 1966 (25 ans et 175 jours).

Pelé

Pelé est le plus jeune finaliste d'un Mondial, lui qui a affronté la Suède en finale de l'édition 1958 à seulement 17 ans et 8 mois. Dino Zoff est, quant à lui, le plus âgé. Le portier italien avait 40 ans et 4 mois lorsqu'il remporta la finale 1982 contre l'Allemagne.

43

En 2014, l'ancien gardien de Metz Faryd Mondragon est devenu le joueur le plus âgé à jouer en Coupe du Monde (43 ans et 3 jours), avec la Colombie contre le Japon. Il était notamment plus âgé que 2 des 32 sélectionneurs de l'édition (celui de la Croatie, Niko Kovac et de la Côte d'Ivoire, Sabri Lamouchi).

17

Norman Whiteside est le plus jeune joueur à avoir évolué en Coupe du Monde, à 17 ans et 1 mois avec l'Irlande du Nord contre la Yougoslavie le 17 juin 1982. Il a mis un terme à sa carrière à seulement 26 ans.

Inimitié

714’

L’attaquant anglais Gary Lineker est, depuis 1966, le joueur qui a disputé le plus de minutes sans faire la moindre passe à un équipier en Coupe du Monde (0 passe en 714 minutes pour Des Walker).

Première

Les 6 Bleus ayant honoré leur première sélection lors d’une Coupe du Monde sont Jean Bastien face à la Belgique (1938), Raymond Kaelbel contre la Yougoslavie (1954), Maurice Lafont contre la RFA (1958), Gabriel De Michele face au Mexique (1966), Dominique Dropsy contre la Hongrie (1978) et Albert Rust face à la Belgique (1986).

458’

La paire Fabio Cannavaro – Vincenzo Iaquinta est l’axe de joueurs de champ qui a joué le plus de minutes ensemble en Coupe du Monde depuis 1966 sans s’échanger de passes (458 minutes entre 2006 et 2010, 0 passe). Ils ont été champions du monde en 2006.

Boateng

Les frères Boateng, Jerome (Allemagne) et Kevin Prince (Ghana), se sont affrontés à 2 reprises en Coupe du Monde (en 2010 et 2014), un cas unique dans une fratrie.

Andersson

Le Suédois Roy Andersson est le seul joueur ayant disputé un Mondial (1978) au même titre que ses deux fils, Patrik (1994) et Daniel (2006).

Palacios

En 2010, trois frères ont été sélectionnés pour la Coupe du Monde avec la même nation : Johnny, Jerry et Wilson Palacios avec le Honduras, un record dans la compétition. Cependant, la fratrie n'a jamais été alignée en même temps.

Hernandez

Javier Hernandez (2010 et 2014) est le seul joueur ayant disputé un Mondial et dont le père (1986) et le grand-père (1954) l'ont fait également. D'ailleurs, lorsque le grand-père, Tomas Balcazar, a marqué contre la France en 1954, il avait 22 ans… Le même âge que « Chicharito » quand il a trouvé le chemin des filets face aux Bleus en 2010.

Jumeaux

5 paires de jumeaux ont joué au moins un match d'une même édition de Coupe du Monde : René et Willy van de Kerkhof (Pays-Bas en 1978), Ibrahim et Hossam Hassan (Égypte en 1990), Eissa et Ibrahim Abdulrahman (Émirats Arabes Unis en 1990), Frank et Ronald de Boer (Pays-Bas en 1994 et 1998), Marcin et Michal Zewlakow (Pologne en 2002).

Binationaux

7

Naturalisés

7 joueurs ont joué au moins un match en Coupe du Monde pour 2 pays différents*: Altafini (Brésil 1958 et Italie 1962), Attilio Demaria (Argentine 1930 et Italie 1934), Robert Jarni (Yougoslavie 1990 et Croatie 1998 – 2002), Luis Monti (Argentine 1930 et Italie 1934), Robert Prosinecki (Yougoslavie 1990 et Croatie 1998 – 2002), Ferenc Puskas (Hongrie 1954 et Espagne 1962), José Santamaria (Uruguay 1954 et Espagne 1962).

* Selon la FIFA, la Russie est « héritière » de l'URSS, la République tchèque de la Tchécoslovaquie et la Serbie de la Yougoslavie.

Ivan = Yvan

Débauchage

Ivan Bek, meilleur buteur de la Yougoslavie à la Coupe du Monde 1930 (3 buts), est ensuite devenu international français sous le nom d'Yvan Beck (5 sélections).

Tirs

40

Lampard →

Frank Lampard est le joueur ayant tenté le plus de tirs sans jamais réussir à marquer en Coupe du Monde depuis 1966 : 40 tirs, 0 but (voir ci-contre). Chez les joueurs encore en activité, Sergio Ramos détient la palme avec 24 tirs sans scorer.

17

Le 19 juillet 1966, Eusébio a tenté 17 tirs face au Brésil en poules (7 tirs cadrés, 2 buts), un record pour un joueur sur un match en Coupe du Monde depuis 1966.

6

José Luis Chilavert est le gardien qui a tenté le plus de tirs en Coupe du Monde depuis 1966, tous sur coups francs directs : 6 (3 cadrés, 1 non cadré, 2 contrés). Ils sont 5 gardiens à avoir tiré vers le but adverse sur cette période : Diego Benaglio (Suisse), Joszef Gelei (Hongrie), Itumeleng Khune (Afrique du Sud) et Andoni Zubizarreta (Espagne).

100 %

Jack Charlton, frère aîné de Bobby, est le joueur qui a tenté le plus de tirs en affichant 100 % de tirs hors cadre en Coupe du Monde depuis 1966 (11), édition qu'il a pourtant remportée avec l'Angleterre.

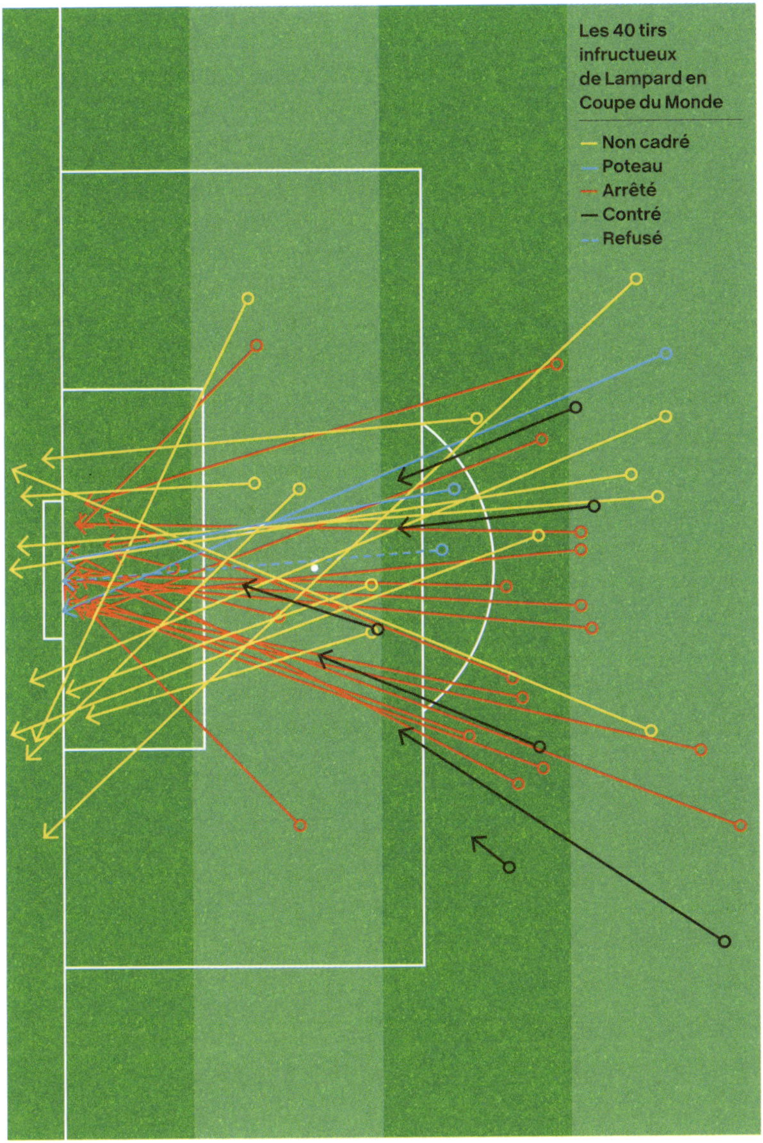
Les 40 tirs infructueux de Lampard en Coupe du Monde
Non cadré
Poteau
Arrêté
Contré
Refusé

Montants

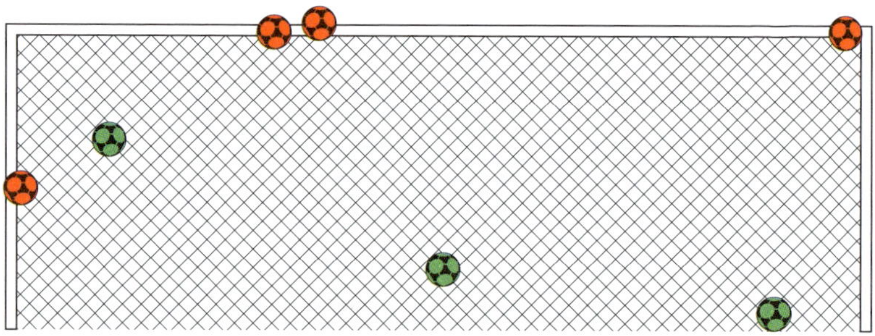

3 buts et 4 montants sur 25 frappes cadrées de Cristiano Ronaldo en Coupe du Monde
Montant
But inscrit

3

Roberto Bettega a touché les montants à 3 reprises lors d'Italie – Hongrie le 6 juin 1978, un record sur un match de Coupe du Monde depuis 1966. Heureusement pour l'ancien attaquant de la Juventus, il a tout de même inscrit un but.

Montant d'or

Cristiano Ronaldo ↑

Cristiano Ronaldo a davantage touché les montants qu'il n'a marqué en Coupe du Monde (3 buts et 4 montants en 13 matches, voir ci-dessus). Il partage avec Roberto Bettega (Italie) et Asamoah Gyan (Ghana) le record de montants touchés (4) en Coupe du Monde depuis 1966.

Passes décisives

4

Gadocha

Le Polonais Robert Gadocha a délivré 4 passes décisives face à Haïti le 19 juin 1974 (victoire 7 – 0), un record sur un match en Coupe du Monde depuis 1966. 3 d'entre elles sont venues sur un corner et ont abouti à un but de la tête.

Caviar d'or

Maradona

Diego Maradona détient le record de passes décisives en Coupe du Monde depuis 1966 : 8 (2 pour Jorge Valdano, 2 pour Jorge Burruchaga, 2 pour Claudio Caniggia, 1 pour Oscar Ruggeri, 1 pour Pedro Monzon).

47

Deyna

Le Polonais Kazimierz Deyna est le joueur qui a effectué le plus de dernières passes avant un tir (47) sans délivrer une seule passe décisive en Coupe du Monde depuis 1966.

Ballons touchés

175

Les aimants de Veron →

Le milieu de terrain argentin Juan Sebastian Veron a touché 175 ballons en l'espace de 90 minutes contre la Grèce le 22 juin 2010 (voir ci-contre), un record sur un match depuis 1966. Cela fait un ballon touché toutes les 31 secondes !

4

L'attaquant roumain Ion Vladoiu est le joueur ayant joué le plus de minutes sans toucher un seul ballon en Coupe du Monde depuis 1966. Entré en cours de jeu face à la Suisse le 22 juin 1994, il a été expulsé pour une faute sur Christophe Ohrel après 4 minutes sur le terrain.

117

Jean Tigana est le Tricolore qui a touché le plus de ballons lors d'un même match de Coupe du Monde, c'était le 21 juin 1986 face au Brésil (117 ballons). Si on ne prend en compte que les matches n'ayant pas été au-delà des 90 minutes, il s'agit de Lilian Thuram contre l'Arabie Saoudite le 18 juin 1998 (114).

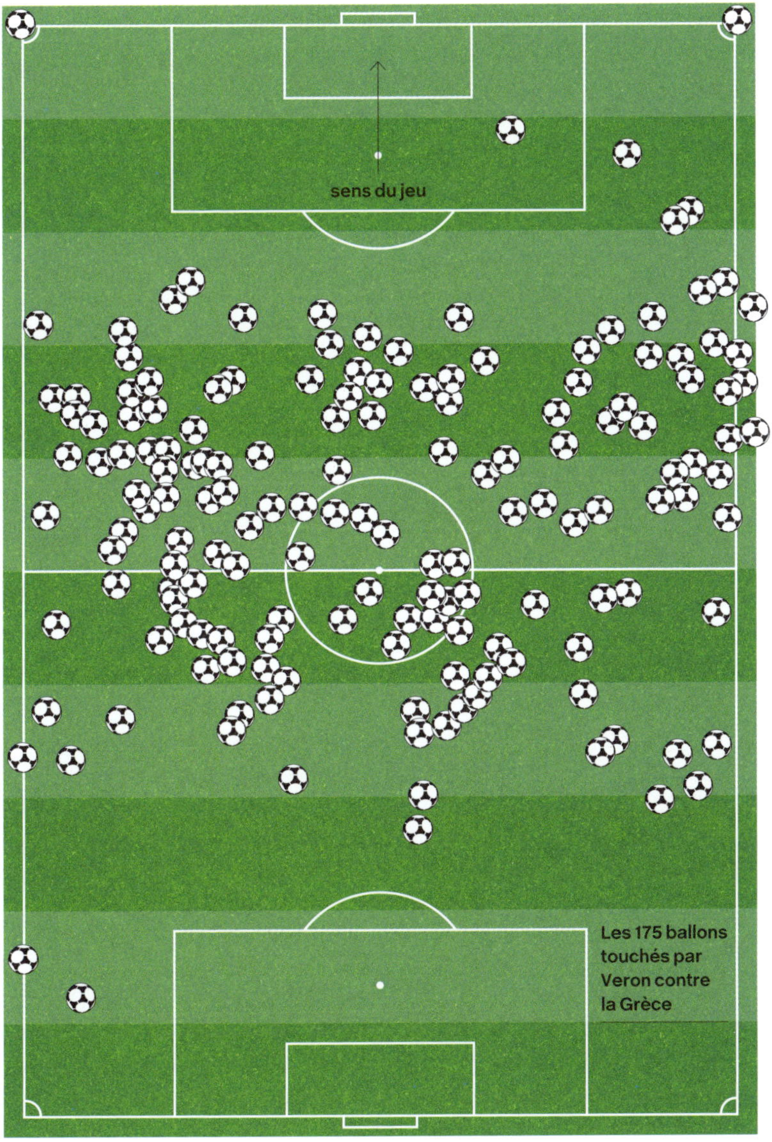

Les 175 ballons touchés par Veron contre la Grèce

Laboureur

Mascherano →

Le défenseur argentin Javier Mascherano est le joueur ayant touché le plus de ballons (1317) en 3 participations à la Coupe du Monde (2006, 2010, 2014) sans en avoir touché un seul dans la surface adverse (voir ci-contre). Une "performance" unique depuis 1966.

Campeur

Müller

Gerd Müller est le joueur ayant touché le plus de ballons dans la surface adverse au Mondial depuis 1966 (137). Cela représente un quart de ses ballons touchés en Coupe du Monde (137 / 556) !

1/1

Olsen

Jesper Olsen a marqué sur son unique ballon touché lors de Danemark – Uruguay du 8 juin 1986 (6 – 1), seul joueur à avoir fait cela en Coupe du Monde depuis 1966. Entré en jeu à la 81ᵉ minute à la place de Michael Laudrup, il ne touchera pas un ballon jusqu'à la 88ᵉ minute et un centre d'Elkjaer Larsen qu'il reprendra seul devant le gardien après une accélération plein axe.

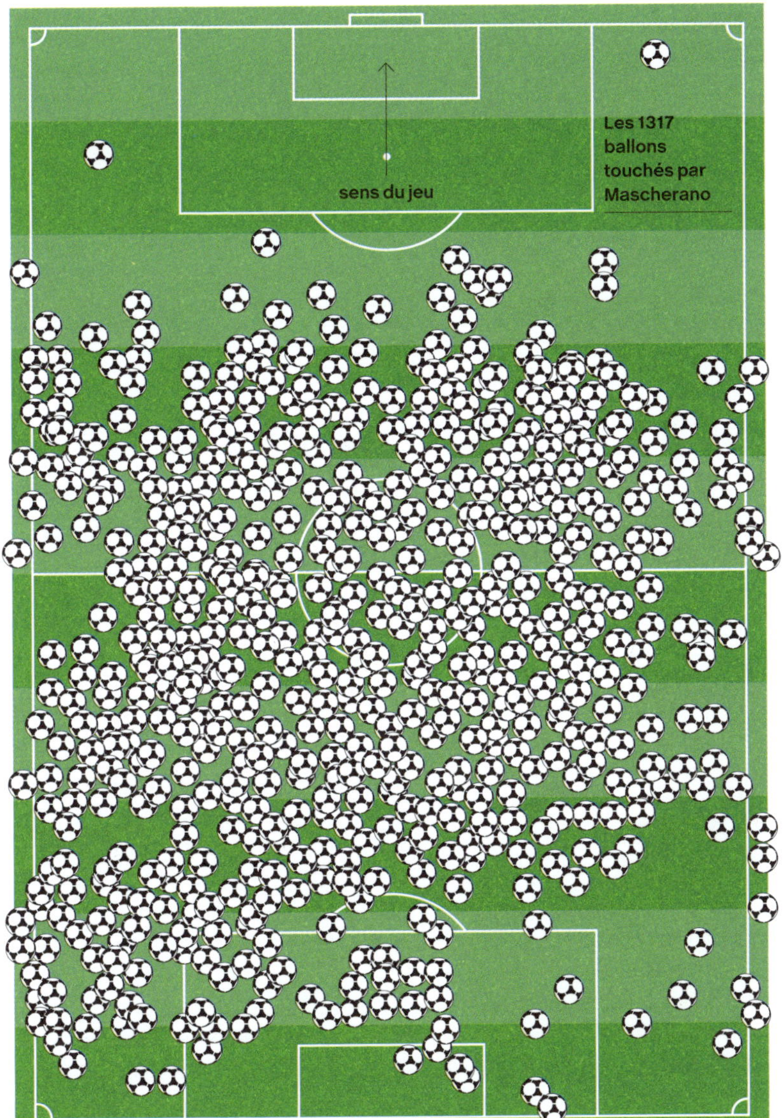
sens du jeu
Les 1317 ballons touchés par Mascherano

Dribbles

100+

Diego Maradona a tenté 19 dribbles et en a réussi 12 lors d'Argentine – Angleterre le 22 juin 1986, aucun joueur n'en a tenté davantage sur un match de Coupe du Monde depuis 1966. Il est également le seul joueur à avoir réussi au moins 100 dribbles dans la compétition depuis 1966 (105), lui qui devance un autre Argentin, considéré comme son successeur par certains, Lionel Messi (87 dribbles réussis).

0/10

L'attaquant bulgare Georgi Popov est le joueur qui a tenté le plus de dribbles sans en réussir un seul en Coupe du Monde depuis 1966 : 10 (5 contre le Pérou et 5 contre le Maroc lors de ses 2 seuls matches dans le tournoi, en 1970).

15

Okocha

Le plus grand nombre de dribbles réussis sur un match de Coupe du Monde depuis 1966 :

- 15 Jay Jay Okocha (Nigeria) face à l'Italie le 5 juillet 1994
- 13 Jairzinho (Brésil) contre l'Uruguay le 17 juin 1970
- 13 Paul Gascoigne (Angleterre) face au Cameroun le 1er juillet 1990
- 12 Johan Cruyff (Pays-Bas) contre la Suède le 19 juin 1974
- 12 Diego Maradona (Argentine) contre l'Angleterre le 22 juin 1986
- 12 Sandro Mazzola (Italie) face à la Pologne le 23 juin 1974
- 12 Eusébio (Portugal) contre la Hongrie le 12 juillet 1966
- 12 Reinhard Libuda (Allemagne) face à la Bulgarie le 7 juin 1970

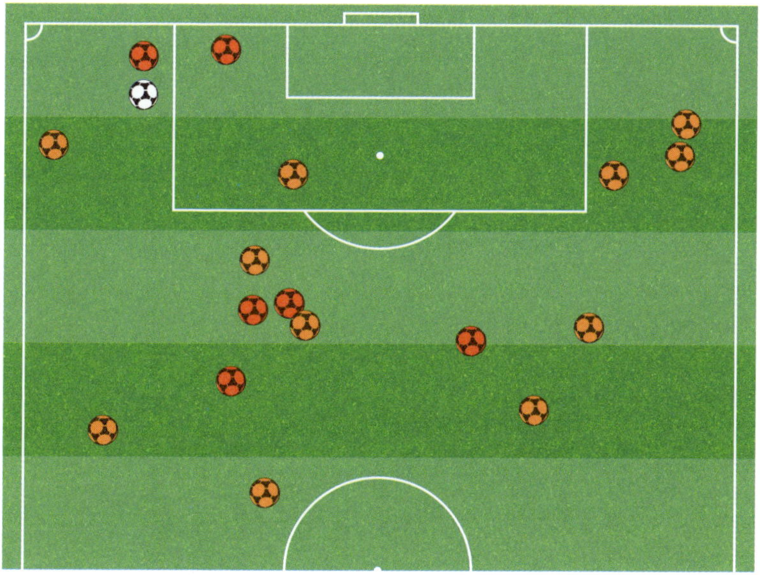

Les 18 dribbles
de Johan Cruyff
face à la Suède

"Turn"

Cruyff ↑

L'attaquant néerlandais a tenté 18 dribbles face à la Suède le 19 juin 1974. Il en a réussi 12, dont le fameux « Cruyff Turn » (voir ci-dessus), consistant à changer de direction en glissant le ballon derrière sa jambe d'appui, face à son vis-à-vis Jan Olsson.

Duels

23

Pelé = Maradona

Pelé (face à la Bulgarie en 1966), Johan Cruyff (contre la Suède en 1974) et Diego Maradona (face à l'Angleterre en 1986) sont les 3 joueurs ayant remporté le plus de duels sur une même rencontre de Coupe du Monde depuis 1966 (23 chacun).

71 %

Metzelder

Finaliste en 2002 et 3e en 2006 avec l'Allemagne, le défenseur Christoph Metzelder est le joueur affichant le meilleur pourcentage de duels gagnés chez ceux en ayant disputé au moins 100 (71 %) depuis 1966.

99

Aérien

L'attaquant américain Brian McBride est le joueur ayant disputé (99) et remporté (46, à égalité avec Daniel Passarella) le plus de duels aériens en Coupe du Monde depuis 1966, alors qu'il ne mesure que 1,83 m. D'ailleurs, 2 de ses 3 buts au Mondial ont été marqués de la tête (contre l'Iran en 1998 puis le Portugal en 2002).

0/10

Cisneros

Baros

Le Mexicain Ernesto Cisneros (1966) et le Tchèque Milan Baros (2006) ont disputé le plus de duels en Coupe du Monde depuis 1966 sans en remporter un seul (10 disputés, 0 remporté). Ils n'ont tous les deux disputé qu'un match au Mondial.

0/17

Vieri

Christian Vieri détient le record de duels disputés sans en gagner un seul lors d'un match de Coupe du Monde depuis 1966, lors du quart de finale face à la France en 1998 (17 duels, 0 gagné). Il transformera tout de même son tir au but lors de la séance qui verra la Squadra Azzurra s'incliner face aux Bleus.

3/4

Varane

Raphaël Varane n'a perdu qu'un seul des 4 duels qu'il a disputés lors du quart de finale de la Coupe du Monde 2014 contre l'Allemagne : le premier (dans les airs, face à Mats Hummels), entraînant l'unique but de la rencontre.

83

Dunga

Dunga est le joueur qui a tenté (105) et réussi (83) le plus de tacles en Coupe du Monde depuis 1966. Gennaro Gattuso est, quant à lui, celui qui en a réussi le plus sur un match d'un Mondial, c'était face à la France en finale de l'édition 2006 (15 tacles, 13 réussis).

142

Cannavaro

Fabio Cannavaro a réalisé 142 dégagements défensifs en Coupe du Monde, un record depuis 1966. Champion du Monde en 2006, l'ancien capitaine de la Squadra Azzurra a remporté le Ballon d'Or la même année.

161 + 79

Maldini

Paolo Maldini a récupéré 161 ballons et en a intercepté 79 autres en Coupe du Monde, des records depuis 1966 pour des joueurs de champ.

3

Sur la ligne

Le milieu de terrain tchécoslovaque Ivan Hasek a sauvé un ballon sur sa ligne à 3 reprises en Coupe du Monde, un record depuis 1966. L'ex-coach de Strasbourg et de Saint-Étienne l'a fait le 19 juin 1990 face à l'Italie en phase de poules puis à 2 reprises face à l'Allemagne le 1er juillet en quart de finale, sans parvenir à éviter l'élimination de la Tchécoslovaquie.

24

Scirea

Le champion du monde italien 1982 Gaetano Scirea a contré 24 tirs adverses en Coupe du Monde depuis 1966, un record.

498'

Fair-play

Le défenseur suédois Joachim Björklund est le joueur de champ ayant disputé le plus de minutes en Coupe du Monde depuis 1966 sans commettre la moindre faute (498 minutes jouées, 0 faute, lors de l'édition 1994).

Gardiens

10

Barthez

Fabien Barthez a préservé sa cage à 10 reprises en Coupe du Monde, aucun portier ne fait mieux (à égalité avec l'Anglais Peter Shilton, tous les deux en 17 matches). Tim Howard est, quant à lui, celui qui a réalisé le plus d'arrêts lors d'un même match du Mondial depuis 1966 (15, contre la Belgique en 8e de finale 2014, après prolongation).

90'

Reina

Le gardien espagnol José Reina est celui qui a joué le plus de minutes sans subir le moindre tir cadré en Coupe du Monde depuis 1966 (90'). C'était contre l'Australie, son seul match dans la compétition, le 23 juin 2014, alors que l'Espagne était d'ores et déjà éliminée de la compétition (3 – 0 pour l'Espagne).

517'

Zenga

Le portier italien Walter Zenga a préservé sa cage pendant 517 minutes d'affilée, soit plus de 8 heures, lors du Mondial 1990, record du tournoi. L'Argentin Claudio Caniggia a mis un terme à sa série en demi-finale, permettant à l'Albiceleste d'emmener la Squadra Azzurra en prolongation, puis aux tirs au but. Durant la séance, le portier de l'Inter n'arrêtera aucune des 4 tentatives adverses, ouvrant la porte de la finale aux Sud-Américains.

3/3

Custers

Pour son seul match en Coupe du Monde le 28 juin 1982 face à la Pologne, le gardien belge Theo Custers a encaissé les 3 tirs cadrés qu'il a subis, un triplé de Zbigniew Boniek (4e, 27e, 54e), un record depuis 1966.

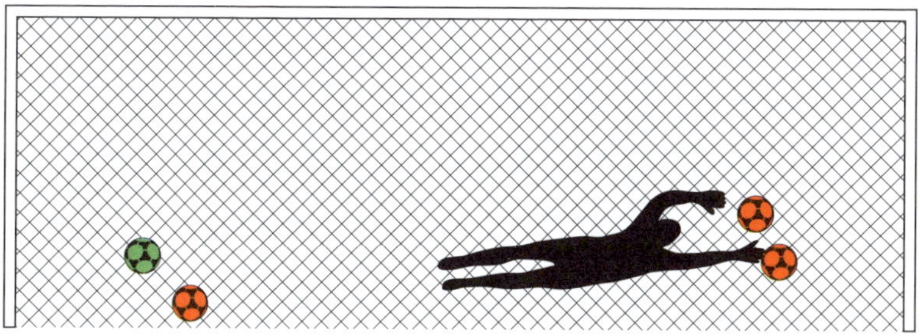

Les 3 penalties stoppés (⚽) par Ricardo face à l'Angleterre, il touchera même celui marqué par Hargreaves (⚽)

Gaffeur

Al-Deayea

Le portier saoudien Mohammed Al-Deayea a commis 3 erreurs amenant un but en Coupe du Monde, un record depuis 1966 : le 20 juin 1994 face aux Pays-Bas sur le but de Gaston Taument, le 18 juin 1998 contre la France sur celui de David Trezeguet et le 11 juin 2002 face à l'Irlande sur celui de Damien Duff.

Sauveur

Ricardo ↑

Le gardien portugais Ricardo est le seul à avoir réussi 3 arrêts dans une même séance de tirs au but, stoppant les frappes de Frank Lampard, Steven Gerrard et Jamie Carragher (voir ci-dessus). C'était le 2 juillet 2006 (0 – 0, 3 – 1 t.a.b.), et il a ainsi permis au Portugal de se qualifier pour la demi-finale.

“Si vous êtes
dans la surface
de réparation et
ne savez pas quoi
faire avec la balle,
mettez-la au fond
des filets.
On discutera des
autres possibilités
plus tard.”

Bob Paisley,
entraîneur mythique
de Liverpool
de 1974 à 1983

buts

Messi

Lionel Messi a marqué tous ses buts en phase de poules (5 en 8 rencontres) avant le coup d'envoi du Mondial 2018, aucun en phase à élimination directe (7 matches).

Pionniers

1930

Le 1er buteur de l'histoire de la Coupe du Monde est français (Lucien Laurent, à la 19e minute), face au Mexique le 13 juillet 1930 à l'Estadio Pocitos de Montevideo. Le 1er passeur décisif est Ernest Libérati, dont le centre en retrait a été repris victorieusement par Lucien Laurent.

6

Ouverture du score

Les joueurs ayant le plus souvent ouvert le score en Coupe du Monde depuis 1966 (6 fois chacun) sont : Ronaldo (sur 15 buts), Christian Vieri (sur 9 buts), David Villa (sur 9 buts).

Zidane

Zinédine Zidane est le joueur qui a marqué le plus de buts en phase à élimination directe de la Coupe du Monde sans jamais en marquer en poules : 5 (1 en 8es, 1 en demi-finale, 3 en finale).

80%

Turquie

La Turquie a ouvert le score lors de 80 % de ses matches en Coupe du Monde (8 / 10), ratio le plus élevé parmi les nations ayant participé au tournoi.

5

Beckenbauer

Seeler

Franz Beckenbauer et Uwe Seeler ont marqué 5 buts sans jamais ouvrir le score en Coupe du Monde depuis 1966, un record. Le second, auteur de 9 buts dans la compétition entre 1958 et 1970, y était tout de même parvenu avant cette période, face à la Suisse le 3 juin 1962.

Meilleurs buteurs

Klose

L'attaquant allemand Miroslav Klose est le meilleur buteur de la Coupe du Monde avec 16 buts, ce qui est mieux que 42 équipes ayant pris part au tournoi :

14 buts	Japon
13 buts	Irlande du Nord, Algérie, Ghana, Côte d'Ivoire
12 buts	Maroc
11 buts	Australie, Afrique du Sud
10 buts	Eire, Équateur
9 buts	Arabie Saoudite
8 buts	Tunisie
7 buts	Iran, Norvège, Sénégal
6 buts	Corée du Nord
5 buts	Grèce, Allemagne de l'Est, Cuba, Slovénie, Ukraine, Slovaquie
4 buts	Nouvelle-Zélande, Pays de Galles, Bosnie-Herzégovine
3 buts	Honduras, Égypte, Jamaïque
2 buts	Haïti, Koweït, Émirats Arabes Unis
1 but	Bolivie, Salvador, Israël, Irak, Angola, Togo
0 but	Chine, Trinité-et-Tobago, Zaïre (désormais RD Congo), Canada, Indes orientales néerlandaises (désormais Indonésie).

Podium

	Klose	Ronaldo	Müller
Buts	16	15	14
Matches joués	24	19	13
Un but toutes les... minutes	112	108	88
Buts du pied droit	8	11	7
Buts du pied gauche	1	3	2
Buts de la tête	7	1	5
Buts depuis l'intérieur de la surface	16	14	14
Buts depuis l'extérieur de la surface	0	1	0
Buts sur penalty	0	1	1
Minute moyenne des buts	45	47	64
Distance moyenne (en mètres)	8,2	12,2	8

Just Fontaine

13

8 + 4 + 1

Just Fontaine a marqué 13 buts en Coupe du Monde 1958, record de réalisations sur une édition du tournoi. Il en a inscrit 8 du pied droit, 4 du pied gauche et 1 de la tête.

6

Carton plein

Just Fontaine est le joueur qui a joué le plus de matches en Coupe du Monde en marquant lors de chacun d'entre eux (6 matches, 13 buts au total). L'attaquant uruguayen Alcides Ghiggia, héros de la finale 1950 avec l'Uruguay au Maracana, et l'ailier brésilien Jairzinho (en 1970) sont, quant à eux, les seuls vainqueurs du Mondial ayant trouvé le chemin des filets lors de chaque rencontre disputée par leur sélection.

4/5

Lors du match pour la 3e place de la Coupe du Monde 1958 face à la RFA, Just Fontaine a trouvé le chemin des filets sur 4 de ses 5 tirs (tous cadrés).

13

Meilleurs buteurs sur une édition (seuls 3 ont atteint ou dépassé les 10 buts) :

13 buts	Just Fontaine (France) en 1958
11 buts	Sandor Kocsis (Hongrie) en 1954
10 buts	Gerd Müller (Allemagne de l'Ouest) en 1970
9 buts	Eusébio (Portugal) en 1966
8 buts	Ronaldo (Brésil) en 2002, Ademir (Brésil) en 1950, Guillermo Stabile (Argentine) en 1930

Spécialistes

Meilleurs buteurs depuis 1966 par zone de frappe :

De la tête : Miroslav Klose (7)
Du pied droit : Ronaldo (11)
Du pied gauche : Rivaldo (8)

Sans pied ni tête

Joueurs n'ayant marqué ni du pied ni de la tête depuis 1966 :

Helmut Haller
du genou droit avec l'Allemagne contre l'Uruguay le 23 juillet 1966

Horst Hrubesch
de la cuisse droite avec l'Allemagne face à l'Autriche le 25 juin 1982

Diego Maradona
de la main gauche avec l'Argentine contre l'Angleterre le 22 juin 1986

César Sampaio
de l'épaule droite avec le Brésil face à l'Écosse le 10 juin 1998

Fernando Morientes
du torse avec l'Espagne contre le Paraguay le 7 juin 2002

Jean Beausejour
de la cuisse gauche avec le Chili face au Honduras le 16 juin 2010

Bongani Khumalo
du bras gauche avec l'Afrique du Sud contre la France le 22 juin 2010

Clint Dempsey
du torse avec les États-Unis face au Portugal le 22 juin 2014

David Luiz
du torse avec le Brésil contre le Chili le 28 juin 2014

Plus jeunes et plus vieux

17

Pelé

Pelé est le plus jeune buteur de l'histoire de la Coupe du Monde, lui qui a frappé face au Pays de Galles le 19 juin 1958 à seulement 17 ans et 8 mois. Il est suivi par Manuel Rosas, double buteur avec le Mexique contre l'Argentine le 19 juillet 1930 à 18 ans et 3 mois, et par Michael Owen, buteur face à la Roumanie le 22 juin 1998 à 18 ans et 6 mois.

1958

Pelé est le plus jeune buteur en finale d'une Coupe du Monde, en 1958 face à la Suède, à 17 ans et 8 mois. Ce match a aussi vu le buteur le plus âgé lors d'une finale, l'attaquant Nils Liedholm, à 35 ans et 9 mois.

Vieux Lion

À 42 ans et 1 mois, Roger Milla est, quant à lui, le joueur le plus âgé à avoir marqué en Coupe du Monde, avec le Cameroun face à la Russie (défaite 1 – 6) le 28 juin 1994 sur son seul tir de la rencontre. Il était même plus âgé que l'arbitre syrien de la rencontre, Jamal Al Sharif (39 ans et 7 mois).

5

L'attaquant camerounais Roger Milla a inscrit 5 buts en Coupe du Monde, tous après être entré en jeu, un record.

15

Le Brésilien Ronaldo est le joueur qui a marqué le plus de buts en Coupe du Monde sans jamais scorer en tant que remplaçant (15, tous comme titulaire).

Triplés

1er

Patenaude

Bert Patenaude est le 1er joueur à avoir réussi un triplé en Coupe du Monde, avec les États-Unis face au Paraguay (3 – 0), le 17 juillet 1930 (10e, 18e, 50e).

3G

Shaqiri

En 2014, le Suisse Xherdan Shaqiri a inscrit le seul triplé du pied gauche en Coupe du Monde (depuis 1966), face au Honduras.

Parfait

Droit, gauche, tête

Depuis 1966, seuls 2 joueurs ont réalisé un triplé parfait (pied droit, pied gauche, tête) en Coupe du Monde : Gerd Müller avec l'Allemagne face au Pérou le 10 juin 1970 et surtout Geoff Hurst avec l'Angleterre contre l'Allemagne en finale de la Coupe du Monde le 30 juillet 1966. Ce dernier est d'ailleurs le seul joueur à avoir inscrit un triplé en finale d'un Mondial.

Quadruplés

6

6 joueurs ont inscrit exactement 4 buts lors d'un match de Coupe du Monde :

Ernst Wilimowski avec la Pologne contre le Brésil en 1938
Ademir avec le Brésil face à la Suède en 1950
Sandor Kocsis avec la Hongrie contre l'Allemagne de l'Ouest en 1954
Just Fontaine avec la France face à l'Allemagne de l'Ouest en 1958
Eusébio avec le Portugal contre la Corée du Nord en 1966
Emilio Butragueno avec l'Espagne face au Danemark en 1986.

Quintuplé

1

Salenko

L'attaquant russe Oleg Salenko n'avait marqué qu'une fois en 7 sélections avant de devenir l'unique joueur à réussir un quintuplé en Coupe du Monde (lors d'une victoire 6 – 1 contre le Cameroun le 28 juin 1994). Il a joué son dernier match avec la Russie ce jour-là.

34'

En tout, Salenko n'aura eu que 202 minutes de jeu effectif en équipe nationale en Coupe du Monde pour 6 buts inscrits, soit 1 but toutes les 34 minutes, des stats exceptionnelles.

2 têtes, 2 buts

Zidane

Zinédine Zidane a cadré plus de tirs de la tête lors de la finale de la Coupe du Monde 1998 (2) que lors de tous ses autres matches en Coupe du Monde (1 lors de la finale de 2006). Ses deux têtes de 1998 en finale ont chacune fini au fond des filets (27ᵉ et 45ᵉ).

2 tirs, 2 buts

Thuram

Lilian Thuram a cadré autant de tirs avec les Bleus en Coupe du Monde lors de la rencontre face à la Croatie en demi-finale du Mondial 1998 (47ᵉ, 70ᵉ) que lors de ses 15 autres dans la compétition (2). Thuram a de plus trouvé le chemin des filets sur ces deux seuls tirs, marquant ce jour-là ses 2 seuls buts avec les Bleus dans sa carrière.

1 but, 1 qualif'

Camara

Ahn

Mansiz

Les trois autres buts en or, tous en 2002, ont été marqués par : Henri Camara avec le Sénégal face à la Suède en 8es de finale (104e), Ahn Jung-Hwan avec la Corée du Sud contre l'Italie en 8es de finale (117e), Ilhan Mansiz avec la Turquie contre le Sénégal en quarts de finale (94e).

1 tir, 1 but

Blanc

Laurent Blanc, qui a inscrit le 1er but en or de l'histoire de la Coupe du Monde face au Paraguay en 8es de finale le 28 juin 1998 (114e), n'a cadré que ce seul tir durant toute la compétition.

Collectif

24

Argentine →

Il y a eu 24 passes d'affilée entre les joueurs argentins avant le but d'Esteban Cambiasso lors d'Argentine – Serbie en 2006 (6 – 0), un record depuis 1966 (voir ci-contre).

- Tacle de Maxi Rodriguez, récupéré par Heinze
- ❶ Heinze pour Mascherano
- ❷ Mascherano pour Riquelme
- ❸ Riquelme pour Maxi Rodriguez
- ❹ Maxi Rodriguez pour Sorin
- ❺ Sorin pour Maxi Rodriguez
- ❻ Maxi Rodriguez pour Sorin
- ❼ Sorin pour Mascherano
- ❽ Mascherano pour Riquelme
- ❾ Riquelme pour Ayala
- ❿ Ayala pour Cambiasso
- ⓫ Cambiasso pour Mascherano
- ⓬ Mascherano pour Maxi Rodriguez
- ⓭ Maxi Rodriguez pour Sorin
- ⓮ Sorin pour Maxi Rodriguez
- ⓯ Maxi Rodriguez pour Cambiasso
- ⓰ Cambiasso pour Riquelme
- ⓱ Riquelme pour Mascherano
- ⓲ Mascherano pour Sorin
- ⓳ Sorin pour Saviola
- ⓴ Saviola pour Riquelme
- ㉑ Riquelme pour Saviola
- ㉒ Saviola pour Cambiasso
- ㉓ Cambiasso pour Crespo
- ㉔ Crespo pour Cambiasso
- Tir et but de Cambiasso

Perso

Gabriel Batistuta et Gary Lineker sont les joueurs ayant marqué le plus de buts sans délivrer la moindre passe décisive en Coupe du Monde depuis 1966 (10).

Altruiste

L'Allemand Thomas Hässler est celui qui a donné le plus de passes décisives sans marquer en Coupe du Monde depuis 1966 (6).

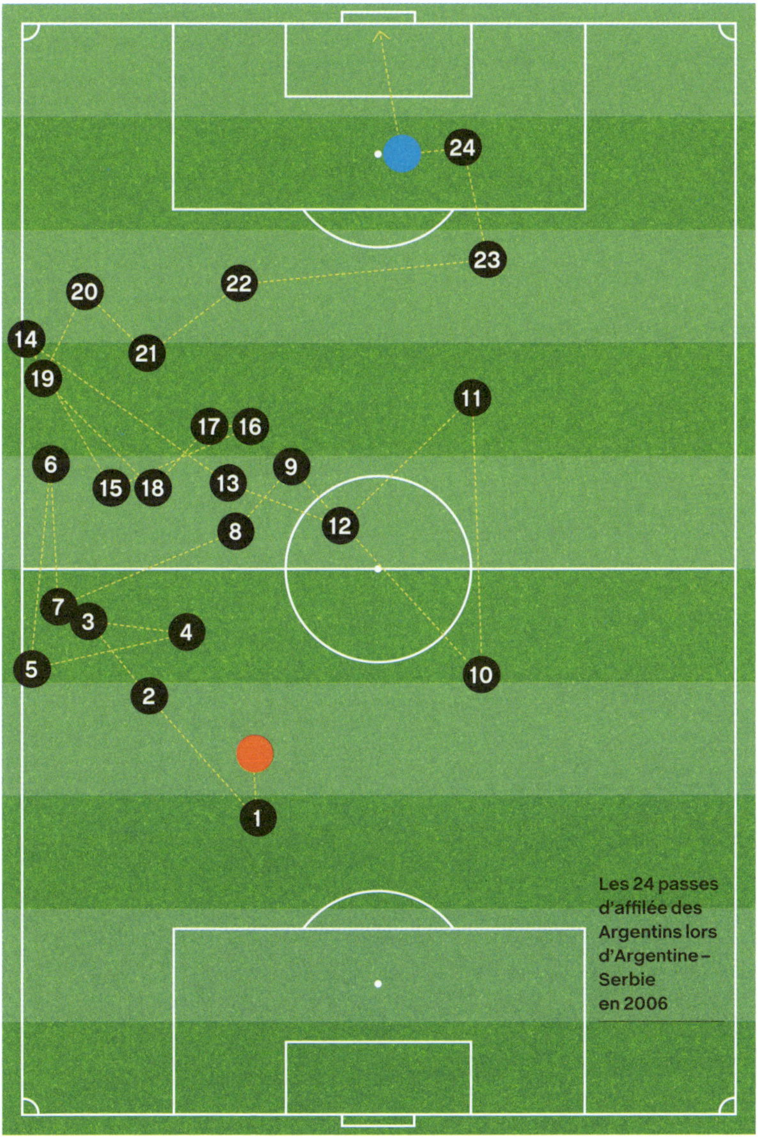

Les 24 passes d'affilée des Argentins lors d'Argentine – Serbie en 2006

Passeurs décisifs

66 %

2 des 3 buts inscrits par Dennis Bergkamp lors du Mondial 1998 l'ont été suite à une passe décisive de… Frank de Boer, dont le fameux but face à l'Argentine en quart de finale.

5

Allemagne

L'axe Michael Ballack – Miroslav Klose est le plus prolifique de la Coupe du Monde depuis 1966 (5 passes décisives du 1er pour le 2e). Une mode allemande puisque derrière, c'est Thomas Hässler pour Jürgen Klinsmann (4 de l'un pour l'autre).

Si près, si loin

Renards

De très, très près

Les joueurs ayant marqué le plus souvent dans la zone de but (5,5 mètres) en Coupe du Monde depuis 1966 : Gerd Müller (7 buts), Miroslav Klose (6 buts), Paolo Rossi (6 buts).

46,35

De très, très loin →

Les 5 buts les plus lointains en Coupe du Monde depuis 1966 :

46,35 m David Villa avec l'Espagne face au Chili en 2010
45,25 m Keisuke Honda sur coup franc avec le Japon face au Danemark en 2010
42,40 m Predrag Mijatovic avec la Yougoslavie contre l'Allemagne en 1998
42,10 m Gheorghe Hagi avec la Roumanie face à la Colombie en 1994
40,10 m Ronaldinho sur coup franc avec le Brésil contre l'Angleterre en 2002

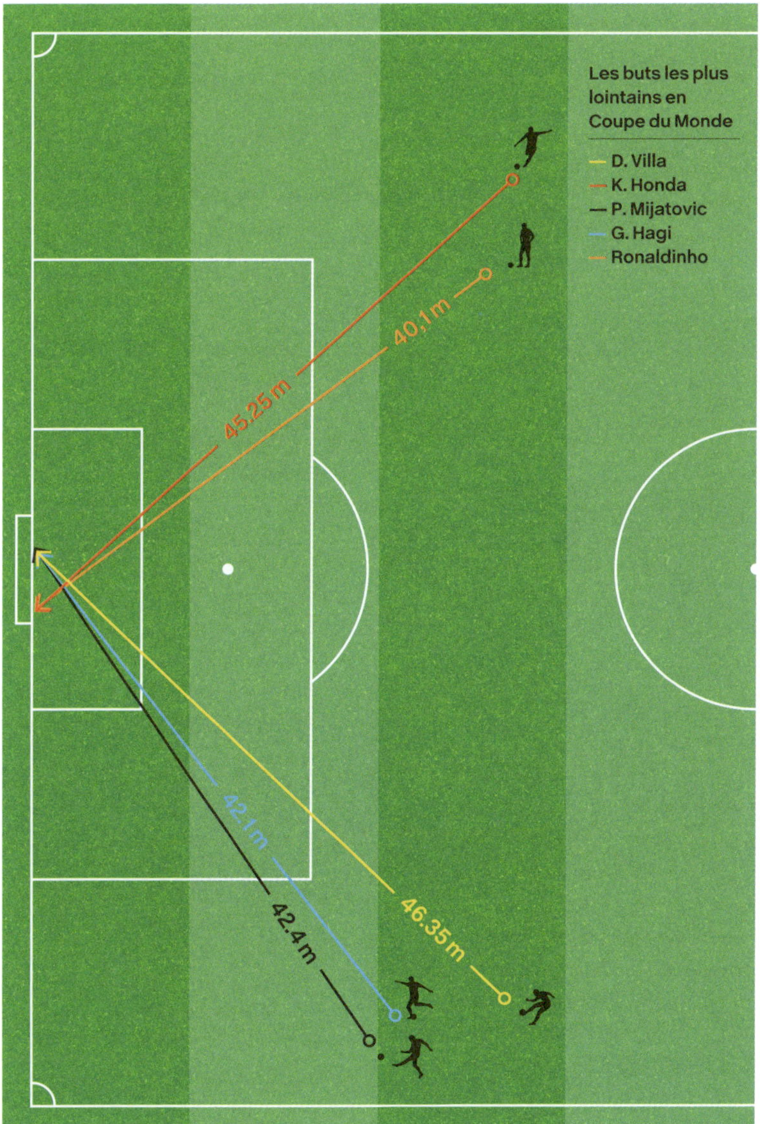
Les buts les plus lointains en Coupe du Monde
D. Villa
K. Honda
P. Mijatovic
G. Hagi
Ronaldinho
45,25 m
40,1 m
42,1 m
42,4 m
46,35 m

Les plus rapides

0'11"

Şükür

Hakan Şükür a inscrit face à la Corée du Sud le but le plus rapide de l'histoire de la Coupe du Monde après 11 secondes de jeu le 29 juin 2002 en match pour la 3e place (la Turquie s'imposera 3 – 2). C'est d'ailleurs le seul but que l'attaquant turc a inscrit dans la compétition. Seuls 6 joueurs ont inscrit un but dans la première minute d'une rencontre de Coupe du Monde depuis 1966 :

0'11"	Hakan Şükür avec la Turquie face à la Corée du Sud le 29 juin 2002 (match pour la 3e place)
0'27"	Bryan Robson avec l'Angleterre face à la France le 16 juin 1982 (phase de groupes)
0'29"	Bernard Lacombe avec la France contre l'Italie le 2 juin 1978 (phase de groupes)
0'29"	Clint Dempsey avec les États-Unis face au Ghana le 16 juin 2014 (phase de groupes)
0'47"	Pak Seung-Zin avec la Corée du Nord face au Portugal le 23 juillet 1966 (quart de finale)
0'52"	Celso Ayala avec le Paraguay contre le Nigeria le 24 juin 1998 (phase de groupes)

7'

Kiss

L'attaquant hongrois Laszlo Kiss a marqué le triplé le plus rapide de l'histoire de la Coupe du Monde lors de la co-plus large victoire de la compétition (Hongrie 10 – 1 Salvador le 15 juin 1982). Entré à la 55e minute, il a marqué 3 buts en 7 minutes (70e, 73e, 77e), devenant également le remplaçant le plus prolifique sur un match de Coupe du Monde.

Les plus tardifs

96'04

Arrêts de jeu

Le but le plus tardif dans le temps réglementaire d'un match de la Coupe du Monde depuis 1966 a été marqué par Maxime Bossis contre le Koweït le 21 juin 1982 (après 96 minutes et 4 secondes de jeu). Ce record n'aurait pu être possible sans l'« intervention » du cheikh Fahid Al-Ahmad Al-Sabah, frère de l'émir du Koweït. Alors que les Bleus mènent 3 buts à 1 dans une rencontre qu'ils doivent impérativement remporter pour poursuivre l'aventure, Alain Giresse trouve le chemin des filets à la 78e minute. Fou de rage, le cheikh descend sur la pelouse, mettant la pression sur l'arbitre, expliquant qu'un coup de sifflet aurait perturbé ses joueurs. Dépassé par les événements, et face aux refus des joueurs koweïtiens de reprendre le jeu, l'arbitre soviétique de la rencontre, Miroslav Stupar, décide d'annuler le but, une issue sans précédent dans l'histoire de la Coupe du Monde qui vaudra à l'arbitre d'être radié à vie. La France s'imposera finalement bien 4 buts à 1, grâce à Maxime Bossis au terme d'un temps additionnel à rallonge, « fait de jeu » oblige.

120'50"

Avec prolongation

Le but le plus tardif, prolongation comprise, a été inscrit par l'Algérien Abdelmoumene Djabou (120'50") en 8es de finale en 2014 contre l'Allemagne (2 – 1).

Joker

Götze

En 2014, Mario Götze est devenu le 1er remplaçant à marquer un but vainqueur en finale d'une Coupe du Monde. Entré à la 88e à la place de Miroslav Klose, il a marqué 25 minutes plus tard sur son 2e tir de la partie.

Dedans-dehors

100 %

Klose

Miroslav Klose est le joueur qui en a inscrit le plus depuis l'intérieur de la surface (16), soit l'intégralité de ses buts en Coupe du Monde.

27

27 des 28 derniers buts ayant été inscrits en finale d'un Mondial l'ont été depuis l'intérieur de la surface. Seule exception : l'Italien Marco Tardelli en finale de l'édition 1982 face à la RFA.

2

Aucun joueur n'a marqué plus de 2 coups francs directs en Coupe du Monde depuis 1966. Les Brésiliens Pelé et Rivelino, l'Anglais David Beckham et le Français Bernard Genghini en ont chacun inscrit 2.

5

Rivelino

Le Brésilien Rivelino est le joueur qui a inscrit le plus de buts depuis l'extérieur de la surface depuis 1966 (5).

Contre son camp

2

Vutsov

Le Bulgare Ivan Vutsov est le seul joueur comptant 2 c.s.c. dans l'histoire de la Coupe du Monde, les 2 à 4 jours d'intervalle face au Portugal le 16 juillet et la Hongrie le 20 juillet 1966. Il a inscrit 2 des 3 c.s.c. de la Bulgarie en Coupe du Monde, l'autre étant celui de Georgi Bachev contre l'Espagne en 1998. Il a par ailleurs dirigé sa sélection 20 ans plus tard, lors du Mondial 1986 (éliminée en 8es de finale par le Mexique).

1930

Rosas

Le 1er but contre son camp de l'histoire de la Coupe du Monde a été inscrit par le Mexicain Manuel Rosas, face au Chili le 16 juillet 1930. 3 jours plus tard, il entrera à nouveau dans l'histoire, mais pour des raisons nettement plus positives (cf. penalties / tirs au but).

Fatal

Escobar

Andrés Escobar a intercepté 4 ballons et en a récupéré 11 face aux États-Unis en 1994, aucun Colombien n'a fait mieux lors de cette rencontre mais…
4e de la Copa America 1991 puis 3e de la Copa America 1993, la Colombie assoira définitivement son statut d'outsider du Mondial 1994 lorsqu'elle étrillera le 5 septembre 1993 l'Argentine à Buenos Aires (5 – 0), la plus large défaite de l'Albiceleste sur ses terres dans son histoire, validant ainsi sa qualification. Sauf que l'histoire sera toute autre. Battus d'entrée par la Roumanie (1 – 3), les Cafeteros doivent se reprendre face à l'hôte de la compétition, mais à la 34e minute, suite à un centre de John Harkes, Andres Escobar détourne le ballon dans ses propres filets – le seul c.s.c. de ce Mondial – et précipitera les siens vers une élimination précoce surprise.
Moins de deux semaines plus tard, l'élégant défenseur, qui devait signer à l'AC Milan, sort en boîte de nuit à Medellin. Alpagué par des clients, la situation s'envenime. Humberto Munoz Castro, garde du corps de narcotrafiquants, va alors assassiner le défenseur de multiples balles, le tout en criant « Gol », comme une sentence suite à son c.s.c. malheureux. Il avait 27 ans.

Équipe de France

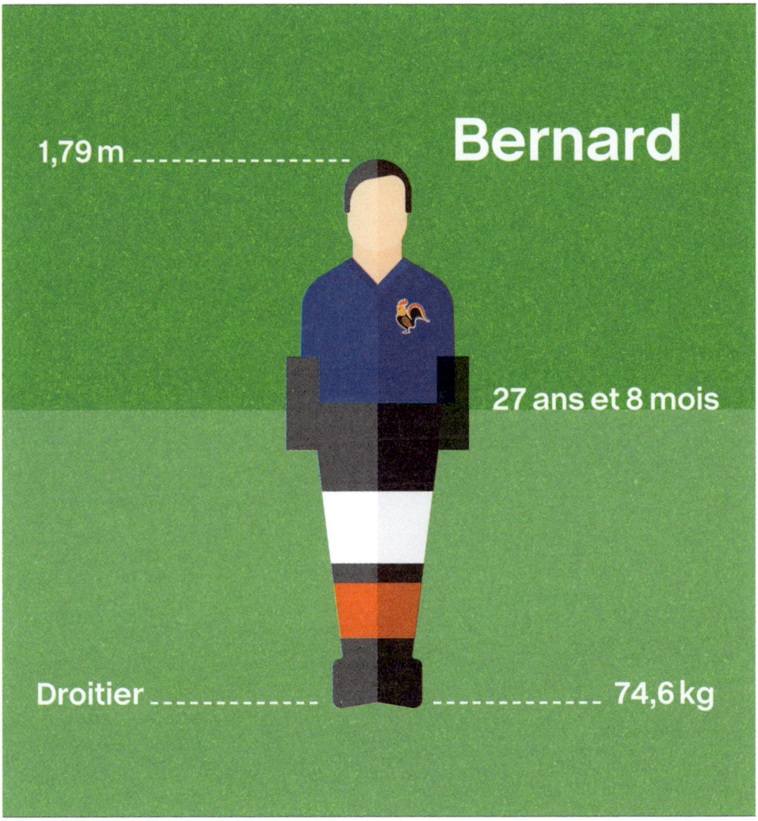

Portrait-robot

Le joueur "type" de l'équipe de France en phase finale de Coupe du Monde depuis 1954 se prénomme Bernard : natif du Pas-de-Calais, il est droitier, mesure 1,79 m et pèse 74,6 kg. Il a 27 ans et 8 mois, il est né en août.

“En football, tout est compliqué par la présence de l’équipe adverse.”

Jean-Paul Sartre,
philosophe

équipes

Les forçats

1

L'Indonésie, autrefois Indes orientales néerlandaises, est le seul pays à n'avoir disputé qu'un seul match en Coupe du Monde, lors de l'édition 1938 (0 – 6 contre la Hongrie).

0/3

L'équipe des Pays-Bas est celle qui a joué le plus de finales de Coupe du Monde sans jamais l'emporter (1 – 2 contre l'Allemagne de l'Ouest en 1974, 1 – 3 contre l'Argentine en 1978 et 0 – 1 contre l'Espagne en 2010).

0

Le Honduras, éliminé en barrages de la Coupe du Monde 2018 par l'Australie (0 – 0, 1 – 3), est l'équipe qui a disputé le plus de matches en phase finale de Coupe du Monde sans en gagner un seul (9 matches : 0 victoire, 3 nuls, 6 défaites).

18

La Bulgarie a dû attendre son 18e match en Coupe du Monde avant de décrocher sa 1re victoire, plus longue attente dans la compétition. C'était le 26 juin 1994 en poules contre la Grèce (4 – 0). Elle a fini à la 4e place.

517'

La Bolivie a attendu 517 minutes, soit plus de 8 heures pour marquer son 1er but en Coupe du Monde, plus longue attente du tournoi. Le but d'Erwin Sanchez face à l'Espagne lors du 3e match de poules de l'édition 1994 est d'ailleurs le seul du pays au Mondial (6 matches).

Nul ou vierge

33

Les États-Unis sont l'équipe ayant disputé le plus de matches en Coupe du Monde sans jamais faire de 0 – 0 (33 matches). Parmi les équipes qualifiées pour l'édition 2018, il s'agit de la Colombie (18 matches).

11

L'Angleterre est quant à elle l'équipe qui a réalisé le plus de 0 – 0 en Coupe du Monde (11).

5

Seules 5 sélections ayant participé à la Coupe du Monde n'ont jamais marqué le moindre but (Indes orientales néerlandaises, Zaïre, Chine, Canada, Trinité-et-Tobago).

0 – 0

Une seule finale du Mondial s'est terminée sur un score nul et vierge au bout des 120 minutes (Brésil – Italie en 1994). 31 tirs avaient pourtant été tentés (24 par le Brésil, 7 par l'Italie).

Unique

Suisse

La Suisse est la seule équipe à ne pas avoir encaissé de but lors d'une phase finale de Coupe du Monde (0 en 4 matches en 2006), elle qui avait pourtant subi 54 tirs (dont 14 cadrés). Elle a été éliminée par l'Ukraine aux tirs au but en 8es de finale (0 – 0, tab 0 – 3).

12

Autriche – Suisse

Le match le plus prolifique lors d'une Coupe du Monde a eu lieu lors de l'édition 1954, l'Autriche s'était imposée 7 buts à 5 face à la Suisse (Wagner x 3, Körner x 2, Ocwirk & Probst ont trouvé le chemin des filets pour l'Autriche, Hügi x 3 & Ballaman x 2 pour la Suisse). Suivent de près le quart de finale de l'édition 1938, Pologne – Brésil (5 – 6), la rencontre entre l'Allemagne de l'Ouest et la Hongrie (8 – 3 pour les Hongrois) en poules du Mondial 1954 et celle entre la Hongrie et le Salvador en poules de l'édition 1982 (10 – 1 pour la Hongrie).

1 – 7

Brésil – Allemagne

Lors de la demie-finale entre le Brésil et l'Allemagne en 2014 (1 – 7), qui a vu le Brésil concéder la plus grosse défaite d'un pays hôte en Coupe du Monde, les Allemands ont cadré 10 tirs (7 buts), dont 4 qui ont été consécutivement transformés (entre le 2ᵉ & le 5ᵉ but). Le Brésil a d'ailleurs plus tiré que l'Allemagne lors de cette rencontre (18 tirs pour le Brésil, 14 pour l'Allemagne).
Les buteurs : Müller, Klose, Kroos x 2, Khedira, Schürrle x 2 et Oscar.

35

France

Face au Paraguay, en 8es de finale de l'édition 1998, la France a tenté 35 tirs, son record sur un match de Coupe du Monde depuis 1966.
Si l'on exclut les rencontres ayant été en prolongation, il s'agit de France – Autriche lors de la 2e phase de groupes de l'édition 1982 (33 tirs).

54

Italie – Corée du Nord

54 tirs ont été tentés lors d'Italie – Corée du Nord en 1966 (victoire 1 – 0 de la Corée du Nord), record sur un match de cette édition dans le temps réglementaire. Les Nord-Coréens en ont tenté 23, contre 31 pour l'Italie. D'ailleurs, l'Italie n'a jamais tenté autant de tirs sans marquer lors d'un match de Coupe du Monde depuis 1966.

77

Angleterre – Allemagne

Le record de tirs dans un match du Mondial depuis 1966 a eu lieu lors d'Angleterre-Allemagne, en finale 1966, qui est allée en prolongation (77 tirs). Les Anglais ont tenté leur chance à 40 reprises (11 tirs cadrés), contre 37 pour les Allemands (10 cadrés). Deux des trois derniers tirs cadrés anglais ont trouvé le chemin des filets, dont le si controversé but de Geoffrey Hurst. Auteur d'un triplé (18e, 101e, 120e), il donnera notamment l'avantage aux Three Lions en prolongation (101e minute) d'une frappe qui vient heurter la transversale avant de rebondir aux abords de la ligne de but et d'être dégagée par un défenseur allemand. Malgré les protestations des Allemands, le but est bel et bien validé. Près de 50 ans plus tard, Sky Sports dévoilera une vidéo réalisée avec l'aide d'Opta et d'Electronic Arts montrant que le but était valable.

6

Argentine

L'Argentine de Diego Maradona, tenante du titre, n'a tenté que 6 tirs face au Cameroun en 1990. Depuis 1966, elle n'a fait pire qu'à deux reprises, face aux Pays-Bas en 1974 (2) et face à l'Allemagne en 1990 (1). Cette victoire lancera les Lions Indomptables vers les quarts de finale du Mondial 1990, devenant ainsi la première sélection africaine à atteindre ce stade de la compétition.

1

Angleterre

Depuis son sacre en 1966, l'Angleterre n'a concédé qu'un seul coup franc direct en Coupe du Monde : l'œuvre du Brésilien Ronaldinho qui a lobbé David Seaman en quart de finale de l'édition 2002 pour offrir la victoire au Brésil (2 – 1).

12

Brésil

Le Brésil a inscrit 12 buts sur coup franc direct depuis 1966, au moins 8 de plus que toute autre équipe. Les buteurs :

Pelé (en 1966 et 1970)
Garrincha (1966)
Rivelino (1970 et 1974)
Dirceu (1978)
Nelinho (1978)
Zico (1982)
Branco (1994)
Roberto Carlos (2002)
Ronaldinho (2002)
David Luiz (2014)

62

Coups francs sans but

L'Italie est l'équipe qui a disputé le plus de matches en Coupe du Monde depuis 1966 (66 matches), sans inscrire un seul coup franc direct (62 tentatives). Les joueurs italiens qui ont tenté leur chance :

11 fois	Francesco Totti
7 fois	Andrea Pirlo Luigi Riva
6 fois	Giancarlo Antognoni
4 fois	Bruno Conti
3 fois	Demetrio Albertini Roberto Baggio
2 fois	Antonio Cabrini Roberto Donadoni Riccardo Ferri Giuseppe Signori Marco Tardelli
1 fois	Mario Bertini Giacomo Bulgarelli Franco Causio Enrico Chiesa Antonello Cuccureddu Fernando De Napoli Alessandro Del Piero Luigi Di Biagio Vincenzo Montella Ezio Pascutti Gianni Rivera

Hors-jeu

20

Angleterre

L'Angleterre a été signalée en position de hors-jeu à 20 reprises face au Koweït le 25 juin 1982 (dont 7 pour Trevor Francis), un record sur une rencontre de Coupe du Monde depuis 1966.

La possession

Total

58 % de possession

Lors du Mondial 1974, les Pays-Bas et leur football total, finalistes de cette édition, ont été en tête en termes de possession (58 %) et en interceptions (173), tout en étant deuxièmes en nombre de buts inscrits (15) et tirs cadrés (52).

2,72

L'Allemagne (224) et le Brésil (221) sont les deux nations ayant inscrit le plus de buts en Coupe du Monde, mais c'est la Hongrie, avec 2,72 buts par match, qui a le meilleur ratio de la compétition.

39,4 %

La France n'a eu que 39,4 % de possession face au Brésil en 1998, elle n'a fait pire qu'une seule fois lors d'un même match d'un Mondial depuis 1966, le 27 juin 2006 en 8es de finale face à l'Espagne (36,6%).

37,3 %

L'Italie n'a affiché que 37,3% de possession face à la Corée du Sud en 8es de finale de l'édition 2002 (défaite surprise 2 – 1), elle n'a fait pire qu'à 2 reprises en Coupe du Monde depuis 1966, à chaque fois en 2002 (36 % contre l'Equateur et 37,1 % contre le Mexique).

50,2 %

Lors de son 1er match d'un Mondial le 15 juin 1974, Haïti a affiché une possession supérieure au finaliste de l'édition précédente, l'Italie (50,2 % contre 49,8 %).

7'

Argentine

Défaite en finale de la Coupe du Monde 2014, l'Argentine n'aura été menée que 7 minutes durant toute la compétition : les 7 dernières face au vainqueur allemand...

Remontada

Autriche et Portugal

L'Autriche et le Portugal sont les équipes ayant remonté le plus grand déficit de buts en Coupe du Monde pour finalement s'imposer, respectivement face à la Suisse en quart de finale 1954 (menée 0 – 3 après 19 minutes, elle s'impose 7 – 5) et la Corée du Nord en quart de finale de l'édition 1966 (les Lusitaniens l'emportent 5 – 3 après avoir accusé 3 buts de retard au bout de 24 minutes de jeu).

Barrage

Allemagne

L'Allemagne est l'équipe passée par les barrages de la zone Europe qui est allée le plus loin en Coupe du Monde (finaliste malheureux face au Brésil 0 – 2 en 2002) après avoir éliminé l'Ukraine en barrages (1 – 1, 4 – 1).

Sorciers

Parreira

Milutinovic

Michel

Le Français Henri Michel a dirigé 4 sélections différentes en Coupe du Monde, seuls le Brésilien Carlos Alberto Parreira et le Serbe Bora Milutinovic en ont dirigé davantage (5 chacun).

Carlos Alberto Parreira :
- Koweït (1982),
- Émirats Arabes Unis (1990),
- Brésil (1994 et 2006),
- Arabie Saoudite (1998),
- Afrique du Sud (2010).

Bora Milutinovic :
- Mexique (1986),
- Costa Rica (1990),
- États-Unis (1994),
- Nigeria (1998),
- Chine (2002).

Henri Michel :
- France (1986),
- Cameroun (1994),
- Maroc (1998),
- Côte d'Ivoire (2006).

28

28 ans se sont écoulés entre la 1re et la dernière participation du Brésilien Carlos Alberto Parreira à la Coupe du Monde en tant que sélectionneur. Il détient le record d'apparitions : 6 (1982, 1990, 1994, 1998, 2006, 2010).

Vétéran

L'Allemand Helmut Schön est l'entraîneur le plus âgé à avoir gagné la Coupe du Monde (59 ans et 9 mois en 1974) tandis que l'Uruguayen Alberto Suppici est le plus jeune à avoir soulevé le trophée (31 ans et 8 mois en 1930). Ce dernier était d'ailleurs plus âgé d'à peine 6 jours que son attaquant Hector Scarone.

2

L'Italien Vittorio Pozzo est le seul entraîneur à avoir remporté la Coupe du Monde à 2 reprises (en 1934 et 1938 avec l'Italie). « Il vecchio maestro » est le sélectionneur resté le plus longtemps à la tête de la Squadra Azzurra (1929 – 1948).

25

Helmut Schön est le coach ayant dirigé le plus de matches en Coupe du Monde, de 1966 à 1978 (25). Il est également celui qui a remporté le plus de matches dans la compétition (16).

0/7

Leo Beenhakker est l'entraîneur ayant dirigé le plus de matches de Coupe du Monde sans en gagner un seul (7 au total : 4 avec les Pays-Bas en 1990 puis 3 avec Trinité-et-Tobago en 2006).

0/3

Sir Alex Ferguson a dirigé 3 matches en Coupe du Monde, à la tête de l'Écosse, sans en remporter un seul lors de l'édition 1986 (1 nul, 2 défaites). Quelques mois plus tard, le 6 novembre 1986, le technicien écossais sera nommé à la tête de Manchester United...

20/20

Brésil

Le Brésil est l'équipe ayant disputé le plus d'éditions de Coupe du Monde en ayant que des sélectionneurs locaux (20), tandis que le Cameroun est celle qui en a disputé le plus sans en avoir jamais eu dans le tournoi (7).

1954

La Coupe du Monde en Suisse est la seule édition au cours de laquelle aucune équipe n'est restée invaincue.

RFA – RDA

Match Est – Ouest

La RFA et la RDA ne se sont rencontrées qu'une seule fois. C'était en Coupe du Monde lors de l'édition 1974. La RDA s'était imposée 1 – 0 (but de Jürgen Sparwasser), mais avait subi 30 tirs, plus que face à toute autre équipe. C'est d'ailleurs la seule défaite de la RFA lors de ce Mondial, elle qui finira par remporter le trophée.

5

Match du siècle

5 buts ont été inscrits en prolongation lors du « match du siècle » entre l'Italie et l'Allemagne de l'Ouest en 1970 (Burgnich, Riva et Rivera pour la Squadra Azzurra, contre des réalisations de Müller x 2 pour la Mannschaft), un record en Coupe du Monde. Au-delà des performances des deux équipes, on retiendra également l'image de Franz Beckenbauer, terminant la rencontre bras en écharpe. Touché à l'épaule (déboîtée) à la 70e minute, le défenseur allemand décide de rester sur le pré, le bras droit collé au torse grâce à un sparadrap (tous les changements possibles étant effectués), un courage qui émouvra les téléspectateurs et le fera entrer dans la légende. Malheureusement pour lui et la Mannschaft, ce ne sera pas suffisant puisque c'est l'Italie qui s'imposera et ira défier le Brésil en finale de la compétition.

90 %

Match de la honte

Lors de la rencontre opposant l'Allemagne de l'Ouest à l'Autriche le 25 juin 1982, seuls 14 tirs ont été tentés, plus petit total du Mondial. De la même manière, 90 % des passes ont été réussies, plus haut pourcentage du Mondial. À l'aube du 3e et dernier match de la poule 2 de la Coupe du Monde 1982, 3 équipes peuvent encore se qualifier pour le tour suivant : l'Autriche, l'Algérie et l'Allemagne de l'Ouest. Mais seules les deux premières du groupe sont éligibles. La dernière journée, étalée sur deux jours, oppose l'Algérie au Chili et l'Allemagne de l'Ouest à l'Autriche. Le 24 juin, l'Algérie domine le Chili (3 – 2).
Dès lors, les calculs son simples : les Fennecs doivent espérer une victoire de l'Autriche, un nul ou une victoire de l'Allemagne de l'Ouest 3 – 0 pour se qualifier. Tout autre cas de figure les éliminerait et qualifierait les deux voisins. C'est ce qui s'est produit, avec une victoire ouest-allemande 1 – 0, au terme d'un match surnommé la « honte de Gijon », tant le déroulé du match et les chiffres laissent à penser que la RFA et l'Autriche se sont contentées de ce résultat pour passer toutes les deux et éliminer l'Algérie. La FIFA décrètera pour les éditions suivantes que tous les derniers matches de poules se joueront en même temps pour éviter de tels arrangements.

“Le problème avec les arbitres, c’est qu’ils connaissent les règles, mais pas l’essence du jeu.”

Bill Shankly, entraîneur
de Liverpool de 1959 à 1974

arbitrage

16

Portugal – Pays-Bas

Lors du 8e de finale de Coupe du Monde 2006 opposant le Portugal aux Pays-Bas, 16 cartons (12 jaunes, 4 rouges)* ont été distribués, un record lors d'un match du Mondial (à égalité avec Cameroun – Allemagne en 2002). Tristement connue pour son procès au lendemain de la Seconde Guerre mondiale, la ville de Nuremberg l'est aussi pour sa « bataille », surnom donné à l'affrontement ultra-engagé entre le Portugal et les Pays-Bas en Bavière. 7 cartons jaunes et 2 rouges pour les Lusitaniens, 5 jaunes et 2 rouges pour les Bataves... L'arbitre de la rencontre, Valentin Ivanov, a distribué les cartes pour laisser le match se finir avec 18 joueurs, du jamais-vu en Coupe du Monde.

*Opta considère le 2e carton jaune comme un rouge et n'additionne pas les 2.

37

Chili – Italie

Surnommé la « bataille de Santiago », le match entre le Chili et l'Italie en phase de poules de l'édition 1962 a vu 37 fautes sifflées, la première dès la 33e seconde. Avant la Coupe du Monde 1970, les cartons jaunes et rouges n'existaient pas. Un joueur pouvait être prié par l'arbitre de sortir du terrain en cas de comportement inadapté mais sans voir son expulsion matérialisée. Cette nouveauté a été introduite par l'arbitre anglais Ken Aston, arbitre de ce Chili-Italie (2-0), qui avait dû demander à la police de faire respecter sa décision d'exclure l'Italien Giorgio Ferrini.

15

Suarez

Luis Suarez a commis 15 fautes en 6 matches lors du Mondial 2010, seul le Néo-Zélandais Rory Fallon en a commis davantage parmi les attaquants (17).
Sa dernière faute a eu lieu à la 121e minute du quart de finale face au Ghana, lorsque l'Uruguayen a repoussé de la main sur sa ligne de but la tête de Dominic Adiyiah. Luis Suarez est expulsé et l'arbitre siffle penalty... manqué par l'ancien Rennais Asamoah Gyan. La rencontre file aux tirs au but, remportés par la Celeste et celui qui s'est sacrifié pour elle. Il a d'ailleurs écopé ce jour-là de son seul carton dans la compétition (rouge direct), lui qui n'a même pas été averti lors de sa fameuse morsure à l'épaule du défenseur italien Giorgio Chiellini durant le match de poules décisif lors de l'édition 2014. Suarez sera finalement suspendu 9 matches et 4 mois de toutes compétitions par la FIFA pour ce geste.

1

Beckham

David Beckham n'a commis qu'une seule faute lors de la Coupe du Monde 1998. Ce n'était pas face à l'Argentine, match lors duquel il a été expulsé, mais face à la Colombie. Face à l'Albiceleste, l'ancien joueur de Manchester United a pris un rouge pour avoir adressé un coup de pied à Diego Simeone qui l'avait chargé. L'arbitre n'a pas hésité, Becks a été expulsé et l'Angleterre, réduite à dix, s'est inclinée aux tirs au but.

Cartons et expulsions

1930

Galindo

Le Péruvien Placido Galindo a été le 1er joueur à être exclu lors de la Coupe du Monde, face à la Roumanie en 1930.
À l'époque, les cartons n'existaient pas mais l'arbitre l'a tout de même sorti du terrain pour comportement violent.

5

5 joueurs ont été expulsés en finale de Coupe du Monde : Gustavo Dezotti et Pedro Monzon (Argentine 1990), Marcel Desailly (France 1998), Zinédine Zidane (France 2006) et John Heitinga (Pays-Bas 2010).

2

Zidane

Song

Zinédine Zidane et Rigobert Song sont les 2 seuls joueurs expulsés à 2 reprises en Coupe du Monde. Rigobert Song est d'ailleurs le plus jeune joueur à avoir vu rouge en Coupe du Monde, c'était le 24 juin 1994 face au Brésil, à 17 ans, 11 mois et 23 jours, lors de son 2e match dans la compétition.

3

France

Le 18 juin 1998 face à l'Arabie Saoudite en poules, Zinédine Zidane est devenu le 1er joueur français à être exclu lors d'un Mondial. D'ailleurs, 3 Bleus ont été exclus lors du Mondial 1998 (Zinédine Zidane, Laurent Blanc, Marcel Desailly), soit autant que sur tous les autres Mondiaux (Thierry Henry en 2002, Zinédine Zidane en 2006 et Yoann Gourcuff en 2010).

3'

Etcheverry

La Coupe du Monde a duré 3 minutes pour Marco « El Diablo » Etcheverry, entré en cours de jeu pour la Bolivie contre l'Allemagne et expulsé pour un geste d'humeur sur le recordman des apparitions (25), Lothar Matthaüs, par l'arbitre mexicain recordman des cartons rouges donnés, Arturo Brizio Carter (7). Un record chez les joueurs expulsés lors de leur seule apparition au Mondial.

0'54"

Batista

Le défenseur uruguayen José Batista a été expulsé 54 secondes après le coup d'envoi d'Uruguay – Écosse le 13 juin 1986, un record. L'arbitre français Joël Quiniou l'a sanctionné d'un carton rouge suite à un tacle par-derrière sur Gordon Strachan.

5 juillet 1994

Zola

Gianfranco Zola est le seul joueur à s'être fait expulser en Coupe du Monde le jour de son anniversaire. C'était le 5 juillet 1994 face au Nigeria (2 – 1), lors de son unique match de la compétition, 12 minutes après son entrée en jeu.

2

Maradona

Le numéro 10 argentin, est le seul joueur à avoir été averti lors de 2 finales de Coupe du Monde (1986 et 1990).

Fair-play

Les 2 rencontres ayant vu le moins de fautes sifflées en Coupe du Monde depuis 1966 ont concerné l'Angleterre. Il n'y a eu que 13 fautes entre l'Allemagne et l'Angleterre le 27 juin 2010 et 14 entre l'Angleterre et le Portugal le 26 juillet 1966.

0

Schumacher

Le gardien allemand Harald Schumacher n'a concédé aucune faute en 7 matches lors de la Coupe du Monde 1982. Celui que l'on a surnommé « le Boucher de Séville » à l'issue de sa charge volontaire sur Patrick Battiston lors de la demi-finale France – Allemagne doit en partie cette statistique à l'arbitre de la rencontre, Charles Corver. Le Néerlandais a jugé qu'il n'y avait pas faute et a indiqué une sortie de but pour l'équipe d'Allemagne de l'Ouest.

5

Battiston

Patrick Battiston n'a touché que 5 ballons avant la collision avec le gardien allemand Harald Schumacher en demi-finale de l'édition 1982. Entré en jeu à la 51e minute à la place de Bernard Genghini, blessé, l'ancien joueur de Saint-Étienne aura à peine le temps de se mettre en évidence en filant au but avant de se heurter de plein fouet à la hanche de son adversaire et de tomber K. O. Il sera évacué sur civière et remplacé par son coéquipier de l'époque, Christian Lopez. Patrick Battiston est l'un des deux seuls joueurs à être entré en jeu puis remplacé lors du Mondial 1982 (avec Alessandro Altobelli, avec l'Italie contre l'Allemagne), mais c'est celui qui est resté le moins longtemps sur la pelouse. C'est d'ailleurs le seul Français qui est entré en jeu avant d'être remplacé lors d'un match d'un Mondial.

Contrat

Maradona a subi 152 fautes en Coupe du Monde, soit au moins 88 de plus que tout autre joueur depuis 1966. Cela équivaut à une faute subie toutes les 13 minutes pour l'ancien Napolitain.

2

2 arbitres français ont officié lors d'une finale de Coupe du Monde : Georges Capdeville lors d'Italie – Hongrie (4 – 2) en 1938 et Maurice Guigue lors de Brésil – Suède en 1958 (5 – 2).

2

Webb

L'Anglais Howard Webb est le seul arbitre à avoir officié lors d'une finale de Ligue des Champions/C1 et de Coupe du Monde la même année. C'était en 2010 : Bayern Munich – Inter Milan (0 – 2) puis Pays-Bas – Espagne (0 – 1).

78

La rencontre entre le Mexique et le Paraguay du 7 juin 1986 a vu 78 fautes sifflées, un record sur un même match de Coupe du Monde depuis 1966. Autrement dit, une faute a été sifflée toutes les 70 secondes par l'arbitre anglais George Courtney !

3

Poll

3 cartons jaunes ont été distribués à un même joueur (le Croate Josip Simunic), évidemment un record dans la compétition. C'était l'œuvre de l'arbitre anglais Graham Poll lors de Croatie-Australie en 2006.

Penalties et tirs au but

7

Angleterre

Italie

L'Angleterre et l'Italie sont les équipes qui ont manqué le plus de tirs au but en Coupe du Monde (7 chacune). Ce sont par ailleurs les 2 sélections ayant perdu le plus de séances en Coupe du Monde (3 chacune).

4

Allemagne

Argentine

L'Allemagne et l'Argentine sont les nations ayant remporté le plus de séances de tirs au but en Coupe du Monde (4).

100%

Allemagne

Angleterre

L'Allemagne est l'équipe qui a participé au plus grand nombre de séances de tirs au but sans en perdre une seule en Coupe du Monde (4 / 4). À l'inverse, l'Angleterre est celle qui en a joué le plus sans jamais en gagner (0 / 3).

0/3

Suisse

La Suisse est la seule équipe à ne pas avoir marqué un seul de ses tirs au but lors d'une séance en Coupe du Monde, manquant ses 3 tentatives (Marco Streller, Tranquillo Barnetta et Ricardo Cabanas) lors du 8e de finale du Mondial 2006 face à l'Ukraine (3 encaissés).

5/5

À l'inverse, la Belgique (5/5), le Paraguay (5/5) et la Corée du Sud (5/5) sont les seuls à avoir transformé tous leurs tirs au but en Coupe du Monde.

4

Sergio Goycochea (Argentine), Harald Schumacher (Allemagne) et Iker Casillas (Espagne) sont les gardiens ayant arrêté le plus de penalties / tirs au but en Coupe du Monde (4 chacun).

4

Les éditions 1990, 2006 et 2014 sont celles qui ont vu le plus grand nombre de séances de tirs au but en Coupe du Monde (4 chacune).

2

L'Anglais Gary Lineker, le Tchécoslovaque Ivan Hasek et l'Espagnol Emilio Butragueno sont les seuls joueurs à avoir obtenu plus d'un penalty lors d'un même match d'un Mondial depuis 1966 (2 chacun).

1/5

5 penalties ont été tirés en finale de Coupe du Monde.
Un seul n'a pas été transformé : celui de l'Italien Antonio Cabrini contre l'Allemagne le 11 juillet 1982 (tir à côté). C'était d'ailleurs sa seule tentative dans cet exercice dans la compétition.
Les autres penalties tentés et donc transformés en finale de Coupe du Monde :

Johan Neeskens avec les Pays-Bas contre l'Allemagne en 1974,
Paul Breitner avec l'Allemagne face aux Pays-Bas en 1974,
Andreas Brehme avec l'Allemagne contre l'Argentine en 1990,
Zinédine Zidane avec la France face à l'Italie en 2006.

1930

Saavedra

Guillermo Saavedra est le 1er joueur à avoir tiré un penalty en Coupe du Monde, avec le Chili contre la France le 19 juillet 1930 (penalty arrêté par Alexis Thépot). Le Mexicain Manuel Rosas est, quant à lui, le 1er à en avoir marqué un (face à l'Argentine, le 19 juillet 1930).

2

Depuis 1966, 2 joueurs ont réussi « l'exploit » de concéder 2 penalties dans un même match de Coupe du Monde : le Sud-Africain Pierre Issa contre l'Arabie Saoudite le 24 juin 1998 et le Serbe Milan Dudic contre la Côte d'Ivoire le 21 juin 2006.

2/2

Panenka

Le seul joueur a avoir tiré un penalty lors de chacun de ses 2 seuls matches de Coupe du Monde (contre le Koweït le 17 juin 1982 et la France le 24 juin 1982) est Antonin Panenka, qui a donné son nom au penalty tiré en feuille morte lors de l'Euro 1976.

0

Stielike

Le milieu de terrain allemand Ulrich Stielike est le 1er joueur de l'histoire de la Coupe du Monde à ne pas avoir transformé un tir au but, en demi-finale de l'édition 1982 contre la France (arrêté par Jean-Luc Ettori). C'est d'ailleurs le seul joueur allemand à avoir raté un tir au but en Coupe du Monde (sur un total de 18).

55”

Le penalty le plus précoce en Coupe du Monde a été sifflé au bout de 55 secondes lors de la finale 1974, opposant les Pays-Bas à l’Allemagne. Les Allemands n’ont même pas touché le ballon du coup d’envoi jusqu’à la faute obtenue par Johan Cruyff aux dépens d’Uli Hoeness. Johan Neeskens transformera mais les Oranje s’inclineront 2 – 1.

x2

Gyan

Asamoah Gyan est le seul joueur à avoir touché les montants à 2 reprises sur penalty en Coupe du Monde depuis 1966 (17 juin 2006 contre la République tchèque, puis le 2 juillet 2010 face à l’Uruguay).
Il a ainsi raté 2 penalties en Coupe du Monde (sur 4 tentatives), un record dans la compétition depuis 1966.

4/4

Le Néerlandais Robert Rensenbrink, l’Argentin Gabriel Batistuta et le Portugais Eusébio sont les joueurs ayant inscrit le plus de buts sur penalty en Coupe du Monde (4 / 4 pour chacun d’entre eux).

5

France

Didier Six, Maxime Bossis (1982), Michel Platini (1986), Bixente Lizarazu (1998) et David Trezeguet (2006) sont les 5 joueurs français ayant manqué un tir au but en Coupe du Monde.

“Le football est le ballet des masses.”

Dmitri Chostakovitch,
compositeur

éditions

1966

La stat de l'édition

76,1 %

Seulement 76,1 % des passes tentées lors de la Coupe du Monde 1966 ont été réussies (18 630 / 24 512), c'est le plus faible ratio sur une édition depuis lors.

Les stats du vainqueur

Angleterre

Matches 6

Possession 46,3 %

Buts marqués 11 (5 du pied droit, 3 du pied gauche, 3 de la tête. 9 depuis l'intérieur de la surface, 2 depuis l'extérieur de la surface)

But sur coup franc direct 0

Buts encaissés 3

Clean sheets 4

Passes réussies 78,5 %

Tirs cadrés 37,4 %

Duels gagnés 51,2 %

Dribbles réussis 48,3 %

Tacles réussis 68,7 %

Les stats de la finale

	Angleterre	Allemagne
Buts	4	2
Possession	50 %	50 %
Total des tirs	40	37
Tirs cadrés	11	10
Tirs non cadrés	20	12
Tirs bloqués	9	15
% Tirs cadrés	35,5 %	45,5 %
Ballons touchés dans la surface adverse	26	32
Passes	454	446
Passes réussies	78,4 %	79,8 %
Centres (dans le jeu)	33	36
Centres réussis (dans le jeu)	27,3 %	16,7 %
Duels	153	153
% Duels gagnés	49 %	51 %
Penalties concédés	0	0
Fautes commises	21	15
Cartons jaunes	1	0
Cartons rouges	0	0

1970

La stat de l'édition

41,6

41,6 tirs par match ont été tentés lors de l'édition 1970, un record sur un Mondial depuis 1966.

Les stats du vainqueur

Brésil

Matches 6

Possession 55,3 %

Buts marqués 19 (12 du pied droit, 6 du pied gauche, 1 de la tête. 15 depuis l'intérieur de la surface, 4 depuis l'extérieur de la surface)

Buts sur coup franc direct 2

Buts encaissés 7

Clean sheet 1

Passes réussies 88 %

Tirs cadrés 44,4 %

Duels gagnés 53,2 %

Dribbles réussis 63,8 %

Tacles réussis 75,2 %

Les stats de la finale

	Brésil	Italie
Buts	4	1
Possession	62,6 %	37,4 %
Total des tirs	27	25
Tirs cadrés	8	9
Tirs non cadrés	14	9
Tirs bloqués	5	7
% Tirs cadrés	36,4 %	50 %
Ballons touchés dans la surface adverse	26	21
Passes	408	236
Passes réussies	88 %	79,2 %
Centres (dans le jeu)	17	13
Centres réussis (dans le jeu)	23,5 %	7,7 %
Duels	96	96
% Duels gagnés	61,5 %	38,5 %
Penalties concédés	0	0
Fautes commises	13	23
Cartons jaunes	1	1
Cartons rouges	0	0

1974

La stat de l'édition

2

La Coupe du Monde 1974 est la seule depuis 1966 lors de laquelle deux penalties ont été accordés (et transformés) en finale.

Les stats du vainqueur

RFA

Matches 7

Possession 56,4 %

Buts marqués 13 (10 du pied droit, 1 du pied gauche, 2 de la tête. 10 depuis l'intérieur de la surface, 3 depuis l'extérieur de la surface)

But sur coup franc direct 0

Buts encaissés 4

Clean sheets 4

Passes réussies 85,6 %

Tirs cadrés 48,6 %

Duels gagnés 56,4 %

Dribbles réussis 50,4 %

Tacles réussis 75,7 %

Les stats de la finale

	Pays-Bas	RFA
Buts	1	2
Possession	58,5 %	41,5 %
Total des tirs	14	11
Tirs cadrés	5	5
Tirs non cadrés	7	3
Tirs bloqués	2	3
% Tirs cadrés	41,7 %	62,5 %
Ballons touchés dans la surface adverse	41	23
Passes	404	293
Passes réussies	83,2 %	81,9 %
Centres (dans le jeu)	28	12
Centres réussis (dans le jeu)	35,7 %	8,3 %
Duels	131	131
% Duels gagnés	42,7 %	57,3 %
Penalties concédés	1	1
Fautes commises	27	16
Cartons jaunes	3	1
Cartons rouges	0	0

1978

La stat de l'édition

59

59 dribbles par match ont été tentés lors de la Coupe du Monde 1978, un record sur une édition depuis 1966.

Les stats du vainqueur

Argentine

Matches 7

Possession 53,2 %

Buts marqués 15 (6 du pied droit, 6 du pied gauche, 3 de la tête. 14 depuis l'intérieur de la surface, 1 depuis l'extérieur de la surface)

But sur coup franc direct 0

Buts encaissés 4

Clean sheets 3

Passes réussies 81,8 %

Tirs cadrés 42,2 %

Duels gagnés 55,1 %

Dribbles réussis 58,8 %

Tacles réussis 70,4 %

Les stats de la finale

	Argentine	Pays-Bas
Buts	3	1
Possession	46,4 %	53,4 %
Total des tirs	24	19
Tirs cadrés	10	9
Tirs non cadrés	10	5
Tirs bloqués	4	5
% Tirs cadrés	50 %	64,3 %
Ballons touchés dans la surface adverse	29	26
Passes	396	453
Passes réussies	75 %	70,2 %
Centres (dans le jeu)	5	21
Centres réussis (dans le jeu)	20 %	19 %
Duels	192	192
% Duels gagnés	55,7 %	44,3 %
Penalties concédés	0	0
Fautes commises	24	49
Cartons jaunes	2	3
Cartons rouges	0	0

1982

La stat de l'édition

45

Les montants ont été touchés à 45 reprises lors du Mondial 1982, plus que lors de toute autre édition depuis 1966 (en seulement 52 matches).

Les stats du vainqueur

Italie

Matches 7

Possession 48,5 %

Buts marqués 12 (4 du pied droit, 4 du pied gauche, 4 de la tête. 9 depuis l'intérieur de la surface, 3 depuis l'extérieur de la surface)

Buts sur coup franc direct 0

Buts encaissés 6

Clean sheets 2

Passes réussies 81,6 %

Tirs cadrés 39,3 %

Duels gagnés 52,5 %

Dribbles réussis 51,8 %

Tacles réussis 68,8 %

Les stats de la finale

	Italie	RFA
Buts	3	1
Possession	43,4 %	56,6 %
Total des tirs	12	18
Tirs cadrés	4	5
Tirs non cadrés	6	8
Tirs bloqués	2	5
% Tirs cadrés	40 %	38,5 %
Ballons touchés dans la surface adverse	11	25
Passes	280	352
Passes réussies	82,9 %	86,9 %
Centres (dans le jeu)	13	25
Centres réussis (dans le jeu)	23,1 %	16 %
Duels	112	112
% Duels gagnés	48,2 %	51,8 %
Penalties concédés	0	1
Fautes commises	21	23
Cartons jaunes	2	3
Cartons rouges	0	0

1986

La stat de l'édition

89,4 %

89,4 % des buts du Mondial 1986 ont été inscrits depuis l'intérieur de la surface, plus que lors de toute autre édition depuis 1966.

Les stats du vainqueur

Argentine

Matches 7

Possession 52,2 %

Buts marqués 14 (5 du pied droit, 4 du pied gauche, 4 de la tête, 1 de la main. Les 14 buts depuis l'intérieur de la surface)

But sur coup franc direct 0

Buts encaissés 5

Clean sheets 3

Passes réussies 85,1 %

Tirs cadrés 43,9 %

Duels gagnés 54,2 %

Dribbles réussis 54,2 %

Tacles réussis 75 %

Les stats de la finale

	Argentine	RFA
Buts	3	2
Possession	45,6 %	54,4 %
Total des tirs	10	11
Tirs cadrés	5	2
Tirs non cadrés	4	4
Tirs bloqués	1	5
% Tirs cadrés	55,6 %	33,3 %
Ballons touchés dans la surface adverse	16	19
Passes	244	284
Passes réussies	80,7 %	74,3 %
Centres (dans le jeu)	13	20
Centres réussis (dans le jeu)	23,1 %	20 %
Duels	128	128
% Duels gagnés	43 %	57 %
Penalties concédés	0	0
Fautes commises	28	26
Cartons jaunes	4	2
Cartons rouges	0	0

1990

La stat de l'édition

0 c.s.c.

La Coupe du Monde 1990 est la dernière édition lors de laquelle aucun but contre son camp n'a été inscrit.

Les stats du vainqueur

Allemagne

Matches 7

Possession 58,4 %

Buts marqués 15 (8 du pied droit, 4 du pied gauche, 3 de la tête. 10 depuis l'intérieur de la surface, 5 depuis l'extérieur de la surface)

But sur coup franc direct 0

Buts encaissés 5

Clean sheets 2

Passes réussies 87,4 %

Tirs cadrés 47,5 %

Duels gagnés 57 %

Dribbles réussis 55,3 %

Tacles réussis 77,6 %

Les stats de la finale

	Argentine	Allemagne
Buts	0	1
Possession	38,8 %	61,2 %
Total des tirs	1	23
Tirs cadrés	0	2
Tirs non cadrés	1	13
Tirs bloqués	0	8
% Tirs cadrés	0 %	13,3 %
Ballons touchés dans la surface adverse	5	24
Passes	277	419
Passes réussies	75,5 %	88,1 %
Centres (dans le jeu)	4	21
Centres réussis (dans le jeu)	0 %	33,3 %
Duels	125	125
% Duels gagnés	43,2 %	56,8 %
Penalties concédés	1	0
Fautes commises	24	19
Cartons jaunes	3	1
Cartons rouges	2	0

1994

La stat de l'édition

37,6 %

37,6 % des buts de la Coupe du Monde 1994 ont été inscrits à la suite d'une phase arrêtée, plus que lors de toute autre édition depuis 1966.

Les stats du vainqueur

Brésil

Matches 7

Possession 60,2 %

Buts marqués 11 (8 du pied droit, 1 du pied gauche, 2 de la tête. 10 depuis l'intérieur de la surface, 1 depuis l'extérieur de la surface)

But sur coup franc direct 1

Buts encaissés 3

Clean sheets 5

Passes réussies 85 %

Tirs cadrés 49 %

Duels gagnés 50 %

Dribbles réussis 62,7 %

Tacles réussis 82,7 %

Les stats de la finale

	Brésil	Italie
Buts	0	0
Possession	58 %	42 %
Total des tirs	24	7
Tirs cadrés	10	3
Tirs non cadrés	10	4
Tirs bloqués	4	0
% Tirs cadrés	50 %	42,9 %
Ballons touchés dans la surface adverse	27	9
Passes	764	570
Passes réussies	87,3 %	76,7 %
Centres (dans le jeu)	31	7
Centres réussis (dans le jeu)	22,6 %	28,6 %
Duels	181	181
% Duels gagnés	42 %	58 %
Penalties concédés	0	0
Fautes commises	18	17
Cartons jaunes	2	2
Cartons rouges	0	0

1998

La stat de l'édition

6 c.s.c.

6 buts contre son camp ont été inscrits lors du Mondial 1998, un record sur une édition depuis 1966 (Sinisa Mihajlovic, Pierre Issa, Andoni Zubizarreta, Youssef Chippo, Tom Boyd et Georgi Bachev).

Les stats du vainqueur

France

Matches 7

Possession 54,3 %

Buts marqués 15 (5 du pied droit, 5 du pied gauche, 4 de la tête, 1 c.s.c. ; 13 depuis l'intérieur de la surface, 2 depuis l'extérieur)

But sur coup franc direct 0

Buts encaissés 2

Clean sheets 5

Passes réussies 79,3 %

Tirs cadrés 45,4 %

Duels gagnés 53,1 %

Dribbles réussis 45,3 %

Tacles réussis 77 %

Les stats de la finale

	Brésil	France
Buts	0	3
Possession	60,6 %	39,4 %
Total des tirs	11	16
Tirs cadrés	4	5
Tirs non cadrés	3	9
Tirs bloqués	4	2
% Tirs cadrés	57,1 %	35,7 %
Ballons touchés dans la surface adverse	21	15
Passes	543	356
Passes réussies	84,5 %	79,5 %
Centres (dans le jeu)	19	11
Centres réussis (dans le jeu)	21,1 %	27,3 %
Duels	120	120
% Duels gagnés	46,7 %	53,3 %
Penalties concédés	0	0
Fautes commises	15	13
Cartons jaunes	1	3*
Cartons rouges	0	1

*Opta considère le 2e carton jaune comme un rouge et n'additionne pas les 2.

2002

La stat de l'édition

9

9 coups francs directs ont été inscrits lors de la Coupe du Monde 2002, un record sur une édition depuis 1966 (Bernd Schneider, Roberto Carlos, Ronaldinho, Lee Eul-Yong, Francisco Arce, Anders Svensson, Raouf Bouzaiene, Johan Walem et Gaizka Mendieta).

Les stats du vainqueur

Brésil

Matches 7

Possession 48,8 %

Buts marqués 18 (9 du pied droit, 9 du pied gauche. 15 depuis l'intérieur de la surface, 3 depuis l'extérieur de la surface)

Buts sur coup franc direct 2

Buts encaissés 4

Clean sheets 4

Passes réussies 81,1 %

Tirs cadrés 54,6 %

Duels gagnés 52,9 %

Dribbles réussis 49,8 %

Tacles réussis 80,6 %

Les stats de la finale

	Allemagne	Brésil
Buts	0	2
Possession	59,8 %	40,2 %
Total des tirs	19	11
Tirs cadrés	3	6
Tirs non cadrés	8	3
Tirs bloqués	8	2
% Tirs cadrés	27,3 %	66,7 %
Ballons touchés dans la surface adverse	12	15
Passes	384	268
Passes réussies	78,7 %	72,4 %
Centres (dans le jeu)	18	9
Centres réussis (dans le jeu)	11,1 %	0 %
Duels	135	135
% Duels gagnés	43 %	57 %
Penalties concédés	0	0
Fautes commises	21	19
Cartons jaunes	1	1
Cartons rouges	0	0

2006

La stat de l'édition

0

La Coupe du Monde 2006 est la seule édition lors de laquelle aucun triplé n'a été inscrit.

Les stats du vainqueur

Italie

Matches 7

Possession 48,5 %

Buts marqués 12 (3 du pied droit, 5 du pied gauche, 4 de la tête. 10 depuis l'intérieur de la surface, 2 depuis l'extérieur de la surface)

But sur coup franc direct 0

Buts encaissés 2

Clean sheets 5

Passes réussies 80,8 %

Tirs cadrés 50 %

Duels gagnés 55,1 %

Dribbles réussis 43,8 %

Tacles réussis 75,3 %

Les stats de la finale

	France	Italie
Buts	1	1
Possession	51 %	49 %
Total des tirs	14	7
Tirs cadrés	5	1
Tirs non cadrés	6	2
Tirs bloqués	3	4
% Tirs cadrés	45,5 %	33,3 %
Ballons touchés dans la surface adverse	26	13
Passes	525	520
Passes réussies	83,2 %	79,2 %
Centres (dans le jeu)	18	10
Centres réussis (dans le jeu)	11,1 %	10 %
Duels	130	130
% Duels gagnés	44,6 %	55,4 %
Penalties concédés	0	1
Fautes commises	24	17
Cartons jaunes	3	1
Cartons rouges	1	0

2010

La stat de l'édition

10,5 %

Seulement 10,5 % des tirs au but ont été arrêtés par les portiers adverses lors de la Coupe du Monde 2010 (2 / 19), le plus faible ratio sur un Mondial.

Les stats du vainqueur

Espagne

Matches 7

Possession 65,6 %

Buts marqués 8 (6 du pied droit, 1 du pied gauche, 1 de la tête. 6 depuis l'intérieur de la surface, 2 depuis l'extérieur de la surface)

But sur coup franc direct 0

Buts encaissés 2

Clean sheets 5

Passes réussies 87,1 %

Tirs cadrés 35,4 %

Duels gagnés 53,1 %

Dribbles réussis 47,5 %

Tacles réussis 82,7 %

Les stats de la finale

	Espagne	Pays-Bas
Buts	1	0
Possession	62,7 %	37,3 %
Total des tirs	21	14
Tirs cadrés	4	4
Tirs non cadrés	13	8
Tirs bloqués	4	2
% Tirs cadrés	23,5 %	33,3 %
Ballons touchés dans la surface adverse	26	10
Passes	613	363
Passes réussies	84,2 %	68,9 %
Centres (dans le jeu)	16	8
Centres réussis (dans le jeu)	18,8 %	12,5 %
Duels	142	142
% Duels gagnés	56,3 %	43,7 %
Penalties concédés	0	0
Fautes commises	19	28
Cartons jaunes	5	8*
Cartons rouges	0	1

*Opta considère le 2e carton jaune comme un rouge et n'additionne pas les 2.

2014

La stat de l'édition

31

31 erreurs amenant à un but ont été commises lors du Mondial 2014 (dont 4 par le Cameroun et 4 par le Brésil), plus que lors de toute autre édition depuis 1966.

Les stats du vainqueur

Allemagne

Matches 7

Possession 60,7 %

Buts marqués 18 (9 du pied droit, 7 du pied gauche, 2 de la tête. 17 depuis l'intérieur de la surface, 1 depuis l'extérieur de la surface)

But sur coup franc direct 0

Buts encaissés 4

Clean sheets 4

Passes réussies 86,2 %

Tirs cadrés 62,3 %

Duels gagnés 52,9 %

Dribbles réussis 48 %

Tacles réussis 81,3 %

Les stats de la finale

	Allemagne	Argentine
Buts	1	0
Possession	63,9 %	36,1 %
Total des tirs	10	10
Tirs cadrés	5	0
Tirs non cadrés	3	9
Tirs bloqués	2	1
% Tirs cadrés	62,5 %	0 %
Ballons touchés dans la surface adverse	23	13
Passes	759	435
Passes réussies	85,6 %	76,1 %
Centres (dans le jeu)	19	8
Centres réussis (dans le jeu)	26,3 %	37,5 %
Duels	127	127
% Duels gagnés	54,3 %	45,7 %
Penalties concédés	0	0
Fautes commises	20	16
Cartons jaunes	2	2
Cartons rouges	0	0

Russie 2018

Les enjeux du prochain Mondial

32

Bizut

32 équipes vont participer à la Coupe du Monde. L'Islande et le Panama seront les seules nations à découvrir la compétition. La Slovaquie est la dernière sélection à avoir atteint la phase à élimination directe pour ses débuts en Coupe du Monde, c'était en 2010.

1er

Leader

Depuis 1986, le vainqueur de la Coupe du Monde a toujours terminé 1er de son groupe.

30 %

À domicile

L'organisateur de la Coupe du Monde a toujours atteint la phase à élimination directe de la compétition – à l'exception de l'Afrique du Sud en 2010. D'ailleurs, 30 % des pays sacrés l'ont été en tant qu'organisateur (6/20) – le dernier étant la France en 1998.

4

Domination

Une équipe a réussi à remporter le tournoi en affichant 100 % de victoires à 4 reprises : l'Uruguay (4/4 en 1930), l'Italie (4/4 en 1938) et le Brésil (6/6 en 1970 et 7/7 en 2002).

1962

Exclusif

L'Allemagne va tenter de devenir la 1re équipe à conserver son titre en Coupe du Monde depuis le Brésil en 1962.

4

Doublé

Le Portugal va tenter de devenir la 4e équipe à remporter consécutivement l'Euro et la Coupe du Monde – sans ordre particulier – après l'Allemagne de l'Ouest (Euro 1972, Coupe du Monde 1974), la France (Coupe du Monde 1998, Euro 2000) et l'Espagne (Euro 2008, Coupe du Monde 2010, Euro 2012).

2

Malédiction ?

Les 2 derniers tenants du titre ont été éliminés dès la phase de groupes de la compétition (Italie en 2010 et Espagne en 2014).

20

Les 20 précédentes éditions ont été remportées par un sélectionneur de la même nationalité que l'équipe sacrée.

Merci !

Cet ouvrage, le premier (mais pas le dernier) du bureau éditorial français d'Opta*, un alliage de chiffres, de facts et de mots-clés pour un contenu inédit et inestimable, n'aurait pu être récolté sans le talent de nos analystes. Sans eux, Opta n'existerait tout simplement pas. Ce livre non plus. Il est donc légitime que nos premiers remerciements leur soient adressés. Pour donner naissance à cet ouvrage, il aura aussi fallu la confiance de Jean-Philippe Bouchard (Solar), la disponibilité de Just Fontaine et la gentillesse de son épouse. Nous les remercions.

Et si nous avons adoré plonger des heures durant dans cette base de données pour en faire ressortir les trésors, le soutien et les retours de nos collègues et de nos proches dans cette première aventure valent un grand merci : à Matthieu Lille-Palette pour son temps et au reste de la team édito – David Wall, Fabien Le Luyer, Damien Shernetsky, Quentin Ruaux, Florent Gazeau et Nicolas Aslan – pour son excellence et sa convivialité. Puis à nos teams respectives (on ne parle ici ni du LOSC, ni de l'Inter). La team Jeffries, dont toutes les pensées vont vers Colette et Guy, Dean, ses parents, sa famille et ses proches à l'affection – réciproque – sans limites. Et la team Moreau : ceux qui l'ont bâtie, Luc et Hélène, Bilou, seul vrai joueur de foot de la famille, et la recrue mi-Bleue, mi-Mannschaft qui partage désormais avec Loïc une alliance qui vaut toutes les Coupes du Monde. Enfin, merci à ceux qui ont lu ce livre.

* Pour ceux qui lisent l'anglais et aiment la Premier League, n'hésitez pas à jeter un œil à l'excellent Outside The Box de notre collègue Duncan Alexander (Random House, 2017).

Direction : Jean-Louis Hocq
Direction éditoriale : Jean-Philippe Bouchard
Assistant d'édition : Maxime Lafon
Design : Yoann De Roeck
Fabrication : Emmanuelle Laine
Portrait Just Fontaine © FEP/Panoramic

ISBN : 978-2-263-15605-2
Code éditeur : S15605
Dépôt légal : mai 2018
Imprimé par Clerc à Saint-Amand-Montrond
en avril 2018.

Retrouvez-nous sur www.solar.fr

Solar | un département **place des éditeurs**

place
des
éditeurs